I0749637

Revelación completa - Amo el béisbol, y adoro a Billie Jauss. Pero aun si ninguna de estas dos cosas no fuera verdadera, amaría y apreciaría 'Familia Pelotera'. Este libro está repleto de consejos prácticos e información basada en la Biblia, y es crucial para entender y mejorar tus relaciones. Sin importar si eres un recién graduado de la universidad o una persona con síndrome del nido vacío, este libro es oportuno e importante para aquellos que quieren vivir la vida al máximo y edificar sus comunidades de la forma correcta, la forma que Dios quiere. Ojalá hubiera tenido este útil libro cuando dejé a nuestro último hijo en la universidad y me encontré preguntándome cómo navegar por la nueva normalidad. ¡Me encanta este libro! Regalaré muchas copias. Realmente, es una lectura obligada.

—Michelle Medlock Adams, autora galardonada de mas de 100 libros, incluyendo a *Love Connects Us All* y *Our God is Bigger Than That!*

¡Amo este libro! Este único e ingenioso libro, 'Familia Beisbolera: 9 Cualidades Fundamentales para Desarrollar Relaciones Amorosas', es un gran slam! Contiene información esencial y sugerencias necesarias para mejorar las habilidades de comunicación, y todos necesitamos estas cada día. Ya sea que necesites conectarte con tu comunidad, tus amistades o tu familia, este libro necesita batear en cuarto lugar en tu orden de lectura personal. Los entrenadores de béisbol, como el esposo de la autora, siempre resaltan la importancia de los fundamentos. Sin ellos, un jugador no puede avanzar muy lejos en las Grandes Ligas. Esto es lo que contiene este libro: los fundamentos para tener éxito en este juego de la vida. Aprecio la perspicacia y sabiduría ofrecidas en este libro. Pero lo más importante, conozco a la autora y todo lo que ha atravesado en su vida en el béisbol profesional. Gracias por compartir tu trayectoria. ¡Bravo, Billie!

—Del Duduit, Autor Mas Vendido de *Dugout Devotions,* Escritor Deportivo y Locutor

Familia Beisbolera es una guía conmovedora sobre cómo amar a las personas genuinamente. El libro está lleno de experiencias de la vida que te harán reír y llorar, mientras aprendes como fomentar relaciones sólidas que honran a Dios. Ya sea que te guste el béisbol o no, te beneficiarás de principios fáciles de seguir que pueden transformar la manera en que te relacionas con los demás.

—Tony Beltran, Director Nacional de Compassion International de la Republica Dominicana, PhD en Liderazgo, MA en la Formación Espiritual y el Discipulado

¿Luchas con el deseo de una conexión pero te sientes inseguro de cómo buscarla y encontrarla? Billie ha escrito un libro para ti que detalla las nueve cualidades fundamentales para amar a los demás y cómo eso puede impactar tu deseo de conectarte y tus relaciones. Daría una copia de este libro a cada cliente que tengo como Consejera. El estilo de comunicación que tiene Billie es como si estuvieras sentado en su sala compartiendo un cafecito y la vida con risas y sabiduría entrelazadas. Estoy tan agradecida de tener este recurso y poder ofrecerlo a otros. ¡No te lo pierdas!

—Jennifer Hand, MAPC, autora de *My Yes is on the Table* y la Directora Ejecutiva de Coming Alive Ministries

Si buscas construir relaciones más profundas e impactantes, lee este libro. Billie Jauss revela un tesoro de información práctica, bíblica y sabia sobre cómo conectarse con las personas más allá del nivel superficial. Si dominas las nueve cualidades fundamentales que ella describe, estarás en camino de disfrutar más la vida y vivir para cosas que realmente importan. Anima a un grupo de amigos a estudiar este libro contigo y sumérgete en las extraordinarias preguntas de discusión para cada capítulo. La Familia del Béisbol podría cambiar tu vida.

—Carol Kent, Directora Ejecutiva de Speak Up Ministries Oradora y Autora, *Speak Up with Confidence* (NavPress)

Familia Beisbolera es una guía bien escrita que hace fácil de entender y seguir. Los ejemplos de vida real que incluye la autora me permitieron conectarme con ella a través de cada capítulo. Este libro dará beneficio a cada persona que lo lea, desde los estudiantes universitarios hasta los adultos más experimentados. Te sentirás empoderado para implementar estas estrategias desde el principio hasta el final.

—Caris Snider-Autora Mas Vendida, Oradora, Podcaster, y Entrenadora Certificada de Vida

Billie Jauss realiza un doble play con Baseball Family: no solo ofrece una guía esencial para navegar las relaciones en el mundo del deporte, sino también una útil herramienta de discipulado para cualquiera que desee involucrar a otros de una manera más semejante a Cristo. Con claridad y concisión, Billie nos muestra a través de principios bíblicos y relatos de sus propios éxitos y fracasos cómo relacionarnos con la multitud de personas que llenan nuestras vidas cada día. Lee este libro; luego vívelo.

—Dr. Trent Casto, Pastor Principal de Covenant Church de Naples y autor de *2 Corinthians: God's Strength in Our Weakness*

Familia Beisbolera' no se trata solo de béisbol; se trata de los paisajes en constante cambio de la vida y las oportunidades que vienen con ellos. Ya seas un entusiasta del béisbol o alguien que ha experimentado mudarse a nuevos lugares, hacer amigos y navegar por diferentes etapas de la vida, Billie te guía a través de esos cambios. Te muestra cómo construir y cuidar las diversas relaciones que la vida pone en tu camino, todo mientras te conectas con tu comunidad. ¡Este es un libro imprescindible para cualquiera que necesite un reinicio!

—Dr. Jen Bennett, Profesora de Emprendimiento, Anfitriona del Podcast She Impacts Culture

Con paralelismos creativos a las nueve entradas del béisbol, Billie Jauss comparte cuentos vulnerables y conmovedores que nos invitan a su círculo más cercano y a la fase más profunda de su amistad, que ella llama 'Familia para Siempre'. Si quieres un mapa de cómo construir, desarrollar y fomentar relaciones profundas que se centren en las nueve cualidades fundamentales de las relaciones, 'Familia Beisbolera' es el libro para ti.

—Michelle Watson Canfield, PhD, LPC, Autora, *Let's Talk: Conversation Starters for Dads and Daughters,* Podcast, *The Dad Whisperer*

La falta de comunicación es uno de los contribuyentes más grandes de las dificultades en las relaciones. Y con estas faltas de comunicación, los hermanastros no saludables de la ofensa, la amargura, el resentimiento y la ira echan raíces. Pero vivir la vida en aislamiento no es realista; Dios nos creó para estar en comunidad. Podremos aprender reglas más saludables para interactuar con otros. Así es exactamente lo que Billie Jauss comparte en 'Familia Beisbolera: Las 9 Cualidades Fundamentales para Desarrollar Relaciones Amorosas'. Sus ejemplos de vida real ofrecen humor, ayuda y esperanza en un formato fácil de comprender, con estrategias implementables para mejorar sus relaciones.

—Dr. Michelle Bengtson Neuropsicóloga Clínica Certificada por la Junta, Presentadora del galardonado podcast, Your Hope Filled Perspecitve y la autora galardonada de varios libros incluyendo *The Hem of His Garment: Reaching Out to God When Pain Overwhelms*

FAMILIA DEL BÉISBOL

NUEVE CUALIDADES FUNDAMENTALES PARA DESARROLLAR RELACIONES SANAS

BILLIE JAUSS

Familia del Béisbol: Nueve Cualidades Fundamentales para Desarrollar Relaciones

Amorosas Copyright © 2024 por Billie Jauss
Todos los derechos reservados.

Queda prohibida la reproducción total o parcial de esta obra, por cualquier medio o procedimiento, incluidos la reprografía y el tratamiento informático, y la distribución de ejemplares de ella mediante alquiler o préstamo públicos, sin la autorización de los titulares del copyright. A los efectos previstos en el artículo 32.1 de la Ley de Propiedad Intelectual, cualquier forma de reproducción, distribución, comunicación pública y transformación de esta obra solo puede ser realizada con la autorización de los titulares, salvo excepción prevista por la ley. Dirija sus solicitudes por correo electrónico Info@endgamepress.com.

Los libros de End Game Press pueden adquirirse en grandes cantidades con descuentos especiales para promociones de ventas, regalos corporativos, ministerios, recaudación de fondos o fines educativos. También se pueden crear ediciones especiales según las especificaciones. Para más detalles, contacte con el Departamento de Ventas Especiales, End Game Press, P.O. Box 206, Nesbit, MS 38651 o info@endgamepress.com.

Visite nuestro sitio web en www.endgamepress.com.

Número de Control de la Biblioteca del Congreso: 2023951936
HB: 9781637972175
ISBN de bolsillo: 9781637972182
ISBN del libro electrónico: 9781637972199

Portada por Dan Pitts
Diseño interior por Typewriter Creative Co.

El texto Biblico ha sido tomado de la version Reina-Valera © 1960 Sociedades Biblicas en America Latina ; © renovado 1988 Sociedades Biblicas Unidas. Utilizado con permiso.

Impreso en los Estados Unidos de América
10 9 8 7 6 5 4 3 2 1

Dedicación

My Baseball Family

Por más de 35 años, me ha amado tan bien. Me ha enseñado cómo seguir adelante para compartir las cualidades necesarias para amar a los que encontramos en cada temporada de béisbol. Mi oración es que continúe este legado de amor por muchos años más.

Tabla de Contenidos

★ ★ ★

LOS FUNDAMENTOS DE CUATRO RELACIONES

No escogí este estilo de vida. Me vi arrojada a él cuando mi esposo aceptó una posición en el béisbol profesional. Me llevó un tiempo acostumbrarme.

David, mi esposo, es un entrenador profesional de béisbol, y he aprendido a abrazar las experiencias y a continuar viviendo la vida al máximo con cada nueva temporada.

A lo largo de los años en el béisbol profesional, me he dado cuenta de que desarrollamos cuatro tipos de relaciones. Comenzamos con los Conocidos Casuales, que pueden progresar en la relación para convertirse en Círculos Sociales, o incluso, conectarse más hasta llegar a ser Espíritus Afines. Muy pocos llegan a ser Familia Por Siempre.

Podemos entrar en cada relación con intencionalidad, con la determinación de hacer lo que Dios quiere durante esos momentos, meses o años.

Me he encontrado entre personas y culturas donde me he sentido incómoda. Aventurarme a nuevos lugares a veces dio lugar a comportamientos y actitudes erróneas. Pero he aprendido un mejor camino.

Descubrí cómo aprender a estimular el compañerismo entre las personas al abrazar estos cuatro tipos de relaciones. Poder discernir los cuatro grupos de relaciones me ha ayudado a alimentar las comunidades únicas en las que me encuentro durante cada temporada pelotera.

El campo misionero

El béisbol es donde Dios nos ha puesto. David y yo sabemos que este es nuestro campo misionero. No solo a David le ha tocado una carrera en el béisbol, sino que yo he dedicado mi tiempo a las mujeres del béisbol. A lo largo de estos años hemos vivido en varios estados y ciudades de los Estados Unidos: Wilson, Carolina del Norte; West Palm Beach, Florida; Harrisburg, Pensilvania; Chicago; Boston; Ft. Myers, Florida; Los Ángeles; Vero Beach, Florida; Baltimore, Sarasota y Ft. Lauderdale, Florida; Nueva York; Port St. Lucie, Florida; Pittsburgh, Bradenton y Anna Maria Island, Florida, y también Naples, Florida. También hemos vivido en Venezuela y en la República Dominicana.

Nuestra meta es desarrollar relaciones afectivas dondequiera que Dios nos coloque y con quien sea que Él ponga en nuestro camino. Amarnos los unos a los otros es un mandamiento, no un sentimiento.

Una vida desarraigada

De los cuatro deportes profesionales más populares en los EEUU (el fútbol americano, el baloncesto, el béisbol y el hockey), un jugador se queda con el mismo equipo un promedio de tres a cinco años. Dentro del béisbol, incluso si el jugador se queda con el mismo equipo, puede moverse entre las ligas mayores y menores varias veces, dentro de la misma organización.

La temporada comienza con seis semanas de entrenamiento primaveral:después mudanza hacia el pueblo donde estarán jugando durante los meses del verano. La posibilidad de jugar en una liga invernal (temporadas de béisbol en República Dominicana, Puerto Rico, Venezuela, México o Colombia) puede representar otra mudanza temporal que para algunos es emocionante pero a otros les genera ansiedad.

Cada una de estas mudanzas probablemente significa una reubicación a corto plazo para la familia. También implica mudarse a su hogar de permanencia durante la temporada de cuatro meses en la que no hay ni juegos ni entrenamiento.

Con desarraigos tan frecuentes, solo podemos vivir de la manera más plena y sana posible si derribamos los muros que nos limitan dando un paso de fe. Quienes se han comprometido a confiar en Dios tienen una ventaja distintiva en tiempos de incertidumbre, incluso, en las relaciones.

Mi familia pelotera no es mi familia de origen, pero me han ayudado a ser la mujer que Cristo me creó para ser. Con ellos he aprendido más sobre la dinámica de amar el uno al otro que con mi familia natal.

Los escenarios de la vida

En el mundo del béisbol no tenemos la ventaja de escoger a los amigos con quienes compartiremos durante la temporada; los amigos vienen con el equipo. Aun así, edificamos y alimentamos las relaciones dentro de la comunidad, . lo cual nos permitiò entender que navegar entre las diferentes conexiones con otros es un verdadero reto.

La mayoría de ustedes que me leen no han vivido la experiencia de la vida pelotera, pero estoy segura que han experimentado mudarse a un pueblo nuevo y tener nuevos vecinos. Nosotros conseguimos un nuevo trabajo y con ello, un grupo completamente nuevo para conocer.

Conocemos personas mientras estamos de compras, esperando en el taller del mecánico, al viajar, en la iglesia o al salir a cenar.

Mientras nuestros hijos entran a la escuela, conocemos un

nuevo grupo de madres. Ellos comienzan a practicar deportes, unirse a clubes deportivos o al club de teatro. Esto representa otro grupo de nuevos conocidos. La llegada de un bebé nos conduce a tener nuevas conexiones con familias con hijos.

Personas con el síndrome del nido vacío, familias militares que se mudan cada cierto tiempo—incluidos los misioneros—están en países nuevos y culturas nuevas. Todas estas personas experimentan un nuevo grupo de amigos potenciales.

He experimentado muchos de estos escenarios dentro del béisbol, con mis hijos y ahora con el nido vacío. He aprendido lecciones junto con los altibajos de incursionar en nuevas relaciones.

Tal como Jesús tenía conocidos que no llegaron a ser sus amigos más cercanos, nosotros también nos encontraremos con muchas personas muy brevemente. Pero tal como Jesús, tendremos a conocidos que llegarán a ser tan cercanos como los discípulos lo hicieron con Él.

Mientras conocemos a nuevas personas, nuestras conexiones pueden permanecer superficiales o crecer. Algunas crecen a una velocidad muy acelerada—y no recordamos un momento en que no nos conociéramos—mientras otras nunca profundizan.

En cada encuentro casual o en cada relación profunda somos llamados a amar. Nuestro amor viene en abundancia de Dios. Usa esa fuente para derramarla en las vidas de las personas que encuentres.

Un nuevo mandamiento

"Un mandamiento nuevo os doy: Que os améis unos a otros; como yo os he amado, que también os améis

unos a otros. En esto conocerán todos que sois mis discípulos, si tuviereis amor los unos con los otros."

Juan 13:34-35

La familia de Dios estuvo en el precipicio de una pérdida horrible. No estaban seguros de que Jesús iba a resucitar. ¿No fue Él la clave de la conexión entre todos ellos?

Jesús dio a los discípulos un nuevo mandamiento justo antes de ascender a Su Padre en el Cielo: que se amaran los unos a los otros. Él dice que el mundo sabrá que somos sus discípulos por la forma en que nos amamos.

Amar el uno al otro es el enfoque central del ministerio terrenal de Jesús. Primeramente hacia Dios, y Él lo hizo posible para nosotros, y después hacia otros. Jesús nos llama a amarnos los unos a los otros.

El amor Bíblico es la decisión de perseguir de forma compasiva, responsable y recta el bienestar de otros. No se trata de gustarle a alguien.

Amar significa conectar de una forma más profunda y buscar lo mejor para otros a pesar de que no sintamos hacerlo. El amor es más que sentimientos cálidos. El amor se revela en acción.

El mundo cree que el amor es lo que hace sentir bien a una persona, y que debemos comprometer nuestros principios morales y los derechos de los demás para obtener ese amor.

Todo el mundo cree que el amor es importante. La mayoría en la sociedad piensa que el amor es un sentimiento. El amor es una decisión y es una acción: la fe cristiana verdadera involucra un comportamiento amoroso.

Dios es nuestra Fuente. Él nos amó tanto, hasta el punto de sacrificar a Su Hijo por el perdón de nuestros pecados. Juan dice que Dios es amor, no que el amor es Dios. Nuestro mundo ha tergiversado este concepto del amor.

Jesús es nuestro modelo de amor. Todo lo que Él hizo en su vida terrenal fue hecho en Amor Supremo. El Espíritu Santo nos da el poder de amar. Él vive en nuestros corazones y nos hace más y más como Cristo.

Las Cuatro Relaciones

El amor de Dios siempre implica una decisión y una acción, y lo ponemos en práctica mientras navegamos a través de los cuatro tipo de relaciones que encontramos en la vida: Conocidos Casuales, Círculos Sociales, Espíritus Afines y Familia por Siempre.

Nueve jugadores ocupan el campo de béisbol y tienen relaciones dinámicas y cualidades intencionales inherentes a la posición que juegan en el deporte. Sus conexiones representan los cuatro tipos de relaciones introducidas por LA FAMILIA BEISBOLERA.

Conocidos Casuales

El primer tipo de amigo es un Conocido Casual. En el campo de béisbol, los jugadores de primera base y tercera base representan esta conexión.

Posicionalmente ellos están en las esquinas del cuadro, no están en el centro ni participan en la mayoría de las jugadas. No están en comunicación directa con más de un jugador a la vez. Al estar en las afueras de las interacciones, no están involucrados en jugadas conjuntas.

En nuestras relaciones diarias estos representan a las personas que conocemos brevemente, ya sea en un avión, en una reunión o en un evento. Quizás comenzamos a seguirnos en las redes sociales y hacer clic en sus perfiles y fotos cuando los vemos. Este grupo puede ser un número grande de personas. En Facebook, nuestro perfil se limita a 5,000 amigos. En Instagram, parece que no hay límites.

Nuestra conexión puede permanecer respetuosa y amorosa a través de interacciones amigables y sin confrontación, incluso si no estamos de acuerdo en nuestras creencias. Se necesita más compromiso para aprender más de ellos y amarles a pesar de todo.

Los Conocidos Casuales pueden crecer, pero las amistades que se quedan en este nivel no evolucionan a conexiones más profundas. En mi familia pelotera estos son los que trabajan en concesiones, taquillas, ujieres, entre otros que conocemos circunstancialmente. .

Círculo Social

Los jugadores jardineros representan estas relaciones. Hay tres jardineros en el campo de béisbol: jardinero derecho, jardinero central y jardinero izquierdo. Están posicionados desde la derecha hacia la izquierda mirando desde la base del bateador. Los jardineros derecho e izquierdo se consideran jardineros esquineros.

El jardinero central es el capitán del campo de juego, tomando precedencia sobre los jardineros esquineros cuando tratan de atrapar la pelota. El jardinero central gritará "¡mío!" para avisar a los esquineros cuando va a atrapar la pelota.

Los jardineros se paran lejos unos de otros, pero deben comunicarse constantemente y trabajar juntos. Tienen habilidades similares y practican las mismas destrezas juntos. Las otras posiciones tienen responsabilidades más específicas y aspectos del juego que son únicos a sus posiciones.

Nuestro Círculo Social puede incluir a las personas en nuestros estudios bíblicos, las personas de nuestras iglesias, las personas de nuestros pequeños grupos o las personas con las que servimos en organizaciones de caridad. La mayoría de estas amistades están en la misma etapa paternal, laboral o matrimonial. Estas amistades están basadas en afinidad.

Cuando preparamos un gran almuerzo en casa, invitamos

a este Círculo Social. Los valoramos y queremos incluirlos en nuestros eventos y fiestas. Invitamos a sus hijos a las fiestas de cumpleaños de nuestros hijos.

Conocemos un poco de sus vidas y tenemos contacto personal, por correo electrónico o mensajes de texto. Un almuerzo ocasional puede ocurrir para discutir asuntos pertinentes a un evento o una celebración social. La relación se reconoce pero de forma superficial. No es más profunda que una experiencia breve.

Los Círculos Sociales son grupos más pequeños que los Conocidos Casuales. El crecimiento en estas relaciones ocurre cuando llega un deseo más profundo de conocer a la persona. Una conexión de interés y aceptación se puede sentir entre ellos.

En mi vida pelotera, las personas que trabajan en el estadio y que veo en cada partido en casa, algunas esposas y novias del personal de la oficina frontal están en esta categoría. Incluso algunas de las esposas y novias de los jugadores y entrenadores entran dentro del Círculo Social.

Espíritus Afines

El tercer nivel de amistad es el de Espíritus Afines. El jugador de segunda base y el campocorto representan estas relaciones. Ambos cubren el medio del cuadro, el corazón del diamante (el campo de béisbol tiene forma de diamante).

Son el combo de las jugadas dobles, uniendo esfuerzos para sacar a dos jugadores al mismo tiempo. La comunicación es el corazón de este dúo durante las jugadas defensivas, comparten información con todos los jugadores, incluyendo al lanzador. Son los capitanes de la defensa.

Siendo el corazón de la defensa, están involucrados prácticamente en cada estrategia defensiva, desde los bateadores hasta los corredores, tanto antes del lanzamiento como cuando la bola está en juego.

Son responsables por todo cuando la pelota está en juego y cuando hay corredores en base. Su comunicación es vital para tener a todos los jugadores de su equipo en las posiciones correctas para ejecutar los fundamentos y evitar que el otro equipo anote.

Los Espíritus Afines nos entienden. Comprenden lo que nos importa y respetan nuestras creencias. Nosotros entendemos lo que les motiva. Compartimos un respeto mutuo por lo que quebranta nuestros corazones. Nos animamos a prosperar donde Dios nos ha puesto.

Hay tiempo para escuchar cuando un Espíritu Afín llama con un asunto urgente. Tenemos la intuición de retroceder cuando deberíamos estar avanzando. Celebramos sus victorias y lamentamos las derrotas. Somos los animadores más entusiastas, pero también los corregimos cuando sus caminos se desvían.

La puerta de nuestra casa siempre está abierta, incluso cuando hay ropa desordenada en el sofá y platos sucios del día anterior en la cocina. No nos disculpamos cuando nuestros hijos se comportan fuera de lugar.

Nuestro cabello puede estar sin lavar y desordenado, y nuestra ropa puede tener manchas del vómito del bebé, pero aun así les damos la bienvenida en nuestra casa. Ser Espíritus Afines es algo hermoso. Nos amamos el uno al otro como Cristo nos ama.

Una de las razones que impediría a los Espíritus Afines crecer al próximo nivel es la distancia. Solo estamos en la misma ciudad por seis meses de béisbol. Si nos trasladan, nos liberan o nos intercambian, puede ser que nunca estemos en el mismo lugar. Nuestra relación aún se mantiene cercana y nuestros recuerdos son dulces, pero el contacto no es consistente.

El crecimiento se sofoca cuando una ofensa rompe la confianza. A veces los malos entendidos pueden romper la relación. Están en un nivel más profundo que una hermandad social, pero no pueden avanzar.

La progresión hacia el siguiente nivel ocurre de forma natural. La confianza se hace más profunda y el amor más fuerte. La transición no siempre se nota instantáneamente pero nos damos cuenta cuando sucede.

Muchas de mis amistades en el béisbol no comenzaron como Espíritus Afines. Algunos no eran tan amigables. Hubo otros que no me interesaba conocer. Puede que nos agrade alguien pero no sentimos una conexión profunda.

Las esposas y novias de los jugadores vienen de diversas culturas, creencias y valores morales. Las amo a todas pero a veces hay una en particular con quien tengo una conexión más profunda.

Familia por Siempre

El último nivel de amistad es la Familia por Siempre. Los jugadores que reflejan este nivel son el lanzador y el receptor. Estos jugadores tienen que hacer que todo funcione como debe ser.

Se emparejan cuando están confrontando a un bateador en la base. No necesitan a ningún otro jugador para eliminar a un bateador por ponche. Eso fortalece su conexión.

El lanzador principal establece el momentum de cada juego. La responsabilidad principal recae sobre él. La comunicación entre el lanzador y el receptor es esencial. La confianza entre ambos es necesaria.

Los planes del juego se establecen antes de llegar al campo de béisbol. Su estrategia continúa durante todo el juego, desde el momento de transmitir la señal antes del lanzamiento hasta las visitas al montículo y las comunicaciones entre las entradas.

El vínculo entre el lanzador y el receptor es igual desde las ligas menores hasta las grandes ligas. Su relación es más cercana que la de cualquier otro jugador del campo.

La Familia por Siempre es una relación increíblemente cercana y de confianza. Son las amistades con quienes podemos compartir nuestros corazones, donde necesitamos desahogarnos sin juicio ni condenaciones. Están allí para rescatarnos, trayéndonos nuestra comida chatarra favorita y escogiendo la película perfecta.

Cuando damos a luz, estas amistades cuidan a nuestros otros hijos para darnos tiempo a solas con el nuevo bebé. Limpian nuestras casas sin que lo pidamos, cuidan a nuestros hijos como si fueran propios. Nuestro esposo considera que la amiga de Familia por Siempre es como si fuera otra hermana, parte de la familia.

Cuando necesitamos sentir la presencia de Jesucristo encarnado, ellas están ahí en un abrir y cerrar de ojos. Se arrodillan y claman a Jesús por nosotros. No solo dicen "estaré orando por ti" sino que comienzan a hacerlo antes de que termine de pedirlo.

Estas amistades son nuestros Espíritus Afines llevados a un nuevo nivel de compromiso y lealtad. Ellos nos aman ferozmente. Un cambio en nuestra actitud es notado por ellos al instante, ven más allá de una pregunta o de un simple olor a humo. Y ellos nos ayudan a enderezarnos.

Tendremos amistades que traicionarán nuestra confianza. Cuando se trata de la Familia por Siempre nos sentiremos lastimados de manera profunda pero seguirán siendo familia. No significa que permitamos acciones dañinas. Tendemos a perdonar los daños y darles una segunda oportunidad. No nos rendimos con el otro.

Nuestra Familia por Siempre en el béisbol es una lista muy corta y nuestra conexión es profunda. Nos mantenemos conectados incluso estando en diferentes ciudades o equipos.

Ellos saben cuándo los necesito y aparecen o envían algo para alentarme.

No todos llegan a ser Familia por Siempre y muchas veces las personas que conocemos ni siquiera llegan hasta nuestro Círculo Social. Aunque suene quizás loco, y muchas veces sea desafiante, una vida inmersa en el béisbol me ha enseñado que desarrollar relaciones sólidas y sostenibles es posible. Es un patrón que se mueve en paralelo con lo que enseña la Biblia.

Tenemos un mandamiento para amarnos los unos a los otros y amar como Cristo nos ama.

Amar como Cristo es algo difícil de lograr. Cuando discutimos, somos celosos o reaccionamos impulsivamente en lugar de responder en amor, nuestras acciones no muestran a Cristo. La comparación y el temor impiden que nuestros espíritus estén abiertos y acepten el amor de otros. Jesús no actuó así, y no es lo que espera de nosotros.

Hacer las conexiones

Los obstáculos relacionales comenzaron temprano en nuestra carrera en el béisbol. Arrastrar la carga de experiencias de amistades fracasadas no ayudó en la situación ytenía que aprender a discernir entre las diferentes relaciones para alimentar cada una.

David comenzó su sueño de ser entrenador de béisbol profesional desde que salió de la universidad. A mí me lanzaron a esta nueva e interesante vida con posibilidades de hacer nuevos amigos en nuevos lugares.

Al comenzar el primer entrenamiento primaveral, tenía altas expectativas y una mente abierta. Quizás era un poco ingenua sobre cómo funcionan las cosas en el béisbol, pero estaba muy emocionada por encontrar a mi gente.

Conectar con otros resultó ser más complicado de lo que había imaginado. Mi exuberante personalidad juvenil molestaba a las esposas con más tiempo y experiencia, y quizás otros me consideraron entrometida.

"Deja que los adultos conversen", dijo una de las esposas peloteras cuando intenté unirme a su conversación. Las otras esposas eran veteranas en el béisbol, y yo, la novata, era un blanco fácil. Se rieron y me miraron.

Había pensado que todas estábamos juntas en esto como esposas. Tenía la esperanza de que pudiéramos ser amigas todas, pero esa interacción me hirió profundamente. Me retiré a una esquina sola y no quería tener nada que ver con esta nueva "familia".

Unas semanas después, una compañera esposa, Renette, nos invitó a su casa. Al final, mientras salíamos, ella reunió a toda su familia y oró por nosotros.

Ella se inclinó hacia donde Dios la había llamado y tomó el riesgo de orar por mí, una joven incrédula, y por mi esposo, al comienzo de lo que iba a ser una larga carrera en el béisbol. Desde entonces, Renette ha sido una de mis mentoras más cercanas durante todos los años.

¿Y si ella no se hubiera acercado? ¿Qué tal si ella no hubiera tomado un riesgo con una esposa joven e ingenua que buscaba amistades y relaciones de la manera equivocada?

Ser un ejemplo del amor los unos a los otros es el fundamento para desarrollar relaciones dondequiera que Dios nos coloque, y con todos los tipos de relaciones que Él nos ofrece.

Avanzando

He fallado, he sido decepcionada por otros, y he sido amada hasta lo último desde el momento en que Renette oró por nosotros. No cambiaría mi familia del béisbol por nada en el mundo. Me han guiado para ser una persona más amorosa con todos.

Todas las experiencias, tanto las positivas como las negativas, me han desafiado. Comencé a tomar responsabilidad de mis emociones, a discernir las diferentes conexiones y a aprender las características requeridas para construir una comunidad. Eso so hizo toda la diferencia para mí y puede ser igual para ti también.

Estoy segura de que puedes ganar conocimiento de las lecciones que he aprendido en el béisbol. Te aseguro que no hace falta comprender el juego para aprovechar estas lecciones. Estoy dispuesta a explicar las cosas mientras avanzamos.

Mi oración es que pueda ayudarte a encontrar tus pasos donde Dios te coloque. Mi deseo es ayudarte a sacar provecho de las experiencias de mi vida en el béisbol para que tus relaciones puedan ser mejores, más fuertes, sólidas como una roca.

Podemos amar con gracia cuando amamos como Cristo, comenzando con la práctica de Nueve Cualidades Fundamentales.

Implementaremos estas cualidades dentro de cada relación en la medida que avancemos. Mientras más sinceramente busquemos entender e integrar estos principios en nuestras vidas, estoy convencida de que asumiremos más responsabilidad por la manera en que fomentamos las relaciones.

Mientras aprendemos juntos, mi oración es que edifiquemos relaciones fructíferas con la guía de estas lecciones. La obra no será fácil, pero valdrá la pena la inversión y el riesgo. Estoy emocionada por comenzar.

★ ★ ★

LAS NUEVE CUALIDADES FUNDAMENTALES

Los cuatro tipos de relaciones - Los Conocidos Casuales, el Círculo Social, los Espíritus Afines y la Familia para Siempre - están cimentadas en aprender las Nueve Cualidades Fundamentales necesarias para amar a los demás. Las cualidades son:

- La Abnegación: ver las necesidades de otros como más importantes que nuestros propios deseos.
- La Inclusión: ir más allá para edificar conexiones con personas que quizás nunca elegiríamos.
- Apoyo: ayudar a otros en su camino con la palabra de Dios y la oración.
- Pacificador: usar el amor de Dios para crear relaciones amorosas incluso cuando reina el caos.
- Alentador: ayudar a estimular la confianza y la esperanza al poner valentía en el espíritu de otra persona.

- La Compasión: mostrar empatía hacia los demás en tiempos de angustia mientras deseas aliviar su dolor.
- Respeto: tener suficiente consideración por una persona como para reflexionar sobre cómo nuestras acciones les afectan.
- Confiable: demostrar carácter confiable y honesto.
- Generoso: brindar más afecto y ternura de lo necesario.

Descubrir estas virtudes y cómo se desarrollan en nuestra red de relaciones amorosas con personas que elegimos o no elegimos nos libera para construir una comunidad de amor.

Las cualidades personales necesarias para fomentar relaciones saludables se convirtieron en un requisito para mí. Descubrí que las Nueve Cualidades Fundamentales me ayudaron a apoyar la base para construir interacciones mutuamente beneficiosas dentro y fuera del ámbito del béisbol.

Dos equipos toman el campo de juego en un partido de béisbol. Cada uno tiene nueve titulares que trabajan juntos para lograr el mejor resultado en el juego. Estos titulares son esenciales para el éxito.

Creo que las Nueve Cualidades Fundamentales son indispensables para cultivar una vida cristiana intencional.

- Hacer conexiones
- Construir una comunidad
- Animar el uno al otro
- Todo mientras amamos a los demas

Durante demasiados años, intenté ser camaleónico en cada nuevo grupo al que me unía. Tratar de ser lo que otros querían que fuera no me ayudó a establecer conexiones exitosas. No me preocupaba si otros se preocupaban por mí. Me enfadaba si alguien no encajaba donde yo pensaba que debía estar.

Durante una temporada de béisbol, conocí a una esposa que pensé que podría ser una amiga cercana. Nos sentábamos juntas durante los juegos y hablábamos acerca de nuestros hijos y esposos, pero aceleramos el proceso unas semanas. Entré en la sala de familias y me encontré con un grupo de mujeres que me estaban mirando y riendo, incluida mi "amiga". Todas ellas se levantaron de inmediato y salieron de la sala.

Estaba destrozada. La montaña rusa de pensamientos invadió mi mente. ¿Qué había hecho mal? ¿Acaso vestía la mejor ropa? ¿Mis hijos le habían dicho algo desagradable al hijo de ellas? ¿Mi esposo había sido grosero con uno de los jugadores?

No era ninguna de esas razones. Mi "amiga" intentó encajar con el grupo y utilizó la información que yo le había compartido en privado para incluirse en este grupo popular de chicas pesadas.

Aprendí rápidamente que cambiar para adaptarme a lo que otros querían no era la forma de honrar a Dios y a lo que Él me creó para ser.

Somos individuos únicos. Cambiar para complacer y construir relaciones es un fracaso total.

Tenía que encontrar una nueva forma de cultivar un ambiente amoroso. Comencé a investigar las escrituras para ver lo que Jesús decía. No es tanto lo que decía, sino lo que hizo y cómo lo vivió.

En el béisbol, aprendí cómo fomentar la construcción de una comunidad con un grupo en una situación única, en un lugar específico y en un momento particular que antes me dejaba frustrada y sola.

Oro para que mis experiencias te animen a dar el paso y vivir las Nueve Cualidades Fundamentales para amar a los demás.

Parte de la Familia

Por esta razón me arrodillo delante del Padre, de quien recibe nombre toda familia[a] en el cielo y en la tierra. Le pido que, por medio del Espíritu y con el poder que procede de sus gloriosas riquezas, los fortalezca a ustedes en lo íntimo de su ser, para que por fe Cristo habite en sus corazones. Y pido que, arraigados y cimentados en amor, puedan comprender, junto con todos los creyentes, cuán ancho y largo, alto y profundo es el amor de Cristo. En fin, que conozcan ese amor que sobrepasa nuestro conocimiento, para que sean llenos de la plenitud de Dios.

La Familia de Dios incluye a todos los que creen en Él, pasado, presente y futuro. Somos parte de su familia porque tenemos al mismo Padre.

Dios es la Fuente de toda la creación, incluidas las personas. Él nos promete su amor y poder a toda su familia. El amor de Dios es extenso, llega a cada rincón de nuestras experiencias, cubre la anchura de nuestras vivencias y alcanza al mundo entero.

Muchas veces, intenté hacer las cosas a mi manera. Soy muy independiente y me enfoco en cumplir las tareas. Puedo abrirme paso con fuerza mejor que muchos, pero después me frustraba al ver que las cosas no salían bien.

Dios quiere que seamos fortalecidos en nuestros espíritus por su Espíritu Santo. No necesitamos cambiar nuestras circunstancias ni el trabajo que hacemos, necesitamos cambiar desde dentro. Cuando dependemos de Jesús por nuestra fuerza, el resultado se convierte en producto de su gloria, en sus riquezas gloriosas

Tenemos el poder juntos. Poseemos ese poder a través de Jesús y su amor por nosotros mediante su Espíritu Santo. El amor de Dios es largo, continúa a lo largo de todas nuestras vidas hasta la muerte.

Es alto, alcanzando la altura de la celebración. El amor de Dios es profundo, incluso en la profundidad del desánimo, la angustia y la muerte.

La fuente del amor de Dios se extiende hacia nosotros y hacia los demás. Y nosotros extendemos ese amor a otros al mejorar las cualidades que hacen crecer las relaciones.

La plenitud de Dios está expresada en Cristo. Somos completos cuando estamos en relación con Cristo y llenos del Espíritu Santo. En esa plenitud, podemos derramar el amor de Dios a otros, ya sean Conocidos Casuales, Círculos Sociales, Espíritus Afines o Familia para Siempre.

Sin importar el crecimiento, las cualidades fundamentales de la abnegación, la inclusión, el apoyo, pacificador, alentador, la compasión, el respeto, la fiabilidad y la generosidad nos ayudarán a presentar el amor de Dios. Dios ha venido a salvarnos. Confiemos en Él en todas las situaciones, no hay razón para temer. Él nos fortalece para permanecer firmes. Tenemos la victoria en Él.

Mientras exploramos las virtudes, aprendemos a cumplir el mandato de Dios de amarnos unos a otros. Para discernir y crecer en nuestros cuatro tipos de relaciones. Que no seamos personas exitosas, sino que intentemos ser personas que compartan el amor de Cristo.

Estoy orando por ti y por todo lo que el Señor nos revelará.

★ ★ ★

LAS NUEVE CUALIDADES FUNDAMENTALES #1

La Abnegación

La palabra abnegación me abruma, pues me invade el sentimiento de que seré ignorada. Sé que es un pensamiento egoísta, pero en mis experiencias del pasado he sido ignorada y también se han aprovechado de mis sentimientos.

La abnegación es lo opuesto al egoísmo. El amor desinteresado significa ver las necesidades de los demás como más importantes que nuestros propios deseos. El amor creciente hacia otros comienza con uno mismo.

A muchos de nosotros nos enseñaron a poner a los demás primero. Desafortunadamente, esto no ocurre naturalmente. La cualidad de la abnegación va en contra de la naturaleza humana. Nuestra cultura nos dice que nos pongamos a nosotros mismos primero, lo cual va en contra de lo que Jesús nos enseña.

Jerarquía del Béisbol

La ira y la necesidad de venganza me invadieron cuando una querida amiga me hirió profundamente. Era otra esposa de un jugador con la que había entablado una relación cercana durante la temporada. Nuestros hijos tenían la misma edad y pasábamos mucho tiempo juntas en el estadio y en el parque del vecindario cuando el equipo estaba fuera.

Nos turnábamos para cuidar a los hijos de la otra cuando teníamos una noche libre. Me encantaba tener niñas pequeñas; ella estaba aterrorizada con sus tres hijos varones. Ella era la esposa de uno de los jugadores. En nuestros primeros años en el béisbol tenía la misma edad que las esposas de los jugadores. Me hice amiga de muchas, pero esta chica era especial.

Compartí muchas cosas personales con ella. Lloramos por las heridas, celebramos los éxitos y hablamos por teléfono hasta tarde en la noche después de acostar a los niños, cuando los esposos no estaban en casa.

Luego llegaron los playoffs y su esposo no fue seleccionado para el roster. Por alguna razón ella culpó a mi esposo. Dijo cosas hirientes y reveló a otras esposas secretos que yo le había confiado. Me sentí mortificada y avergonzada.

Ella rompió mi corazón y mi confianza. Estaba furiosa. Quería que ella sintiera tanto dolor como yo. Le conté a cualquiera que quisiera escuchar cómo me traicionó. Se convirtió en algo solo sobre mí y mi dolor, todo a expensas de ella. ¿Cómo pudo causar tanto daño a nuestra amistad?.

Las otras esposas y novias del equipo sabían cuándo evitar el conflicto, y lo hicieron. Al terminar los playoffs me encontré sola, indignada y ofendida. Me avergüenzo al pensar en cómo actué y alejé a todos. En ese momento no tenía una fe fuerte y manejaba las relaciones de manera terrible.

Cada relación giraba en torno a mis sentimientos, deseos

y necesidades. Sí, mi amiga actuó de manera inmadura y probablemente usó nuestra relación para mejorar la imagen de su esposo ante el cuerpo técnico, pero la habría tratado de manera diferente si hubiera tenido la sabiduría para amar a los demás. Yo era egoísta.

Durante muchos años, en el béisbol y en la vida quería que los demás me quisieran, no porque fuera amigable, sino porque "merecía" ser parte de todo grupo. Era arrogante al pensar que todos deberían incluirme pero muchas veces no me invitaban a lo que estaban haciendo.

En la jerarquía del béisbol se pone más énfasis en los jugadores que en los entrenadores: cuanto mejor es un jugador, más atención recibe. Si alguien tiene un salario más alto, recibe un trato especial.

Sentía que mi esposo debía recibir el mismo trato, pero no era la realidad y aún no lo es. Entiendo que los jugadores atraen a los fanáticos y venden boletos, sin embargo, vi lo duro que trabajaban los entrenadores.

Me retraje tanto en mí misma y en lo que quería, que perdí de vista de cuánto los demás necesitan ser amados y no solo vistos como objetos o recursos.

Sentí que estaba compitiendo con todos. En ese momento no pensaba en los demás antes que en mí misma. Nadie estaba cuidando de mí; ¿por qué debería mostrar amor hacia ellos?

Nuestra Responsabilidad

"No se trata de ti". Es mi frase favorita de cualquier libro y hago referencia a esa frase muy a menudo. El hecho de leer esa frase me impactó. La fuente era del libro "Una Vida con Propósito" del autor Rick Warren.

Nuestra vida es mucho más que nuestros sentimientos personales. Antes de entregar mi vida al Señor tomaba todo muy a pecho. Los encuentros con personas pesadas siempre me afectaban profundamente.

Nos encontramos con personas difíciles cada día y no podremos evitar el dolor causado por otros. Sin embargo, el hecho de alejarnos del enfoque en nosotros mismos y depender de Jesús, abre nuestros corazones al amor.

Cuando esa mujer oró por David y por mí al principio de nuestra carrera en el béisbol,éramos novatos en el mundo del entrenamiento. Su esposo había jugado previamente en las Grandes Ligas y su posición era más alta que la de mi esposo.

Esa pareja amaba como Cristo ama, y apesar de nuestras decisiones sociales erróneas, de no seguir a Cristo y de nuestra corta experiencia en el béisbol, ellos nos aceptaron. La semilla había sido plantada.

La acción desinteresada de esta nueva amiga al orar por nuestro futuro en el béisbol, habló directo a mi espíritu inmaduro; vi la luz de Cristo a través de su humildad. Aprender de una mujer mayor que yo, que había vivido una vida larga y aprendido muchas lecciones, me ayudó cuando me tocó mostrar ese amor a otros.

Después de diez años en el béisbol, David y yo rededicamos nuestras vidas al servicio del Señor. Tomó tiempo para que esa semilla arraigara bien y aceptamos a Jesús como nuestro Salvador, dejandos atrás nuestro deseo de salvarnos a nosotros mismos. Lo que experimentamos en nuestras amistades antes de Cristo en comparación con después de Cristo, era drásticamente diferente.

Aprendimos la humildad. Nuestro deseo de ser más humildes nos dio tremendas oportunidades para entregarnos a las vidas de otros y permitir lo mismo en nuestras vidas.

No podemos esperar que cada persona en nuestro entorno nos devuelva el mismo amor que derramamos, pero es nuestra responsabilidad amar.

Tomarse tiempo

Hemos sido bendecidos en el béisbol al construir relaciones

con grupos diversos de personas, tanto jóvenes como mayores. Con el tiempo, mientras nuestra fe crecía, nos dimos cuenta de cómo el ser considerados con los demás daba espacio a nuevas amistades.

Durante el entrenamiento de primavera con los Red Sox, gran parte del personal se quedó en el mismo hotel. Como optamos por la educación en el hogar, nuestros hijos pasaron toda la primavera en Florida. Les animamos a pasar tiempo con todos los que trabajaban con el equipo.

Muchas de esas noches una pareja mayor, Johnny y Ruthie Pesky, se sentaban al lado de la piscina después de la cena. Johnny fumaba un cigarro y Ruthie se sentaba cerca.

A David y a mí nos encantaba escuchar las historias del pasado. Johnny había jugado con los Red Sox en 1942, antes de la Segunda Guerra Mundial, y luego desde 1946 hasta 1952. Terminó su carrera con los Tigres y los Senadores.

Mis hijos estaban jugando en la piscina desafiándose con carreras de natación, cuando la pareja se acercó. Llamé a mis hijos para que salieran de la piscina y se sentaran con nosotros.

Naturalmente, se quejaron porque jugar en la piscina era más divertido que estar con "unos viejos", incluyendo a sus propios padres.

Escuchamos historias de "los días pasados" del béisbol. Johnny contaba sus historias de forma exagerada y Ruthie le corregía y compartía su propia versión. Fue un tiempo muy gozoso sentarnos en presencia de una leyenda.

Al principio, cuando nos sentábamos juntos, mis hijos estaban ansiosos por regresar a sus actividades en la piscina. Pero las cosas comenzaron a cambiar. Mientras escuchaban genuinamente las historias de este pelotero, comenzaron a reírse y a hacer muchas preguntas para aclarar algunos detalles del cuento.

Una noche, otro entrenador nos presentó a su esposa. Era

nueva en el equipo y estábamos emocionados de conocerlos mejor. Me sorprendí al darme cuenta de cuánto tiempo habíamos pasado conversando. Me fui rápidamente a la piscina para chequear a mis hijos.

Todos sabían nadar y había muchos adultos en la piscina, así que no estaba preocupada por su seguridad. Pero me sorprendió el silencio. Los niños no estaban dentro de la piscina cuando los busqué. Continué buscándolos y percibí el olor a cigarro. También vi el humo y encontré a Johnny y a Ruthie sentados en su lugar habitual, rodeados por nuestros hijos. Me disculpé de la conversación con David y su amigo entrenador y me acerqué a mis hijos. Sus ojos estaban muy abiertos mientras escuchaban el cuento del momento.

"¿Todo bien por aquí?" pregunté a mi hijo menor. Los tres niños empezaron a hablar al mismo tiempo, emocionados, contándome el cuento más reciente.

Vi el amor en los ojos de mis hijos por esta pareja anciana. Vi el asombro con los alocados cuentos peloteros. Vi la alegría en los ojos de mis hijos. Ellos no tenían problema en sacrificar su tiempo en la piscina por la interacción con personas con quienes anteriormente no querían pasar mucho tiempo.

Más tarde nuestros hijos nos compartieron que sentarse con ellos no había sido tan malo. "De hecho, ¡la gente mayor es tan interesante!", dijo uno de nuestros hijos como explicación. "Sí, me gusta escuchar historias del pasado", dijo otro.

Sacrificar tiempo de lo que nos gusta para pasar tiempo con personas que quizás no son tan interesantes, a veces puede llegar a ser un deleite. Entregar nuestra actitud defensiva y enfocarnos en el amor de Cristo nos permite amar como Él ama. Dios cuidará de nosotros a través de todo.

- Las heridas van a ocurrir,

- Sufriremos dolor,
- Pero Él está con nosotros para darnos la paz que sobrepasa todo entendimiento,

La Fuerza Motriz

La primera cualidad, la abnegación, nos demanda permitir que Dios sea la Fuerza Motriz en nuestras relaciones. Morir a nuestra naturaleza y enfocarnos en el mandamiento del Señor es lo que debemos hacer para ayudar a crear una actitud amorosa hacia los demás.

Cuando nos enfocamos en nosotros mismos, dependemos de nuestros sentimientos para construir o derribar las conexiones; no podremos culpar a otros. Necesitamos mirar hacia dentro para encontrar lo que necesita ser cambiado. Las relaciones sanas comienzan con entregar nuestras defensas y enfocarnos en el amor que Jesús tiene por ellos.

Dios nos diseñó para comprender la vida juntos. Dondequiera que haya dos o más, Dios está con ellos. No podemos transitar la vida solos ni otros pueden tampoco. Juntos somos una fuerza poderosa para el Señor. Cada elemento de la conexión es esencial para amarnos los unos a los otros.

Las relaciones no se tratan de ti pero el proceso comienza contigo. Nuestra conexión con Jesús viene primero. Mientras más sigamos la Palabra de Dios y profundicemos nuestro amor por Él, más podremos mostrar la abnegación.

Poner a Dios primero y a nosotros de segundo lugar, nos ayuda a comenzar a abrir nuestros corazones para recibir las experiencias que Dios quiere que tengamos.

Cada una de las cuatro relaciones se beneficia cuando decidimos poner a Dios en primer lugar. Los Conocidos Casuales se sienten amados cuando mostramos el amor desinteresado sin esperar nada a cambio. El Círculo Social experimenta el sentido de ser visto cuando tomamos el tiempo para notar las necesidades que tienen. Los Espíritus Afines experimentan el entendimiento y la aceptación. Y la Familia por Siempre es más fiable y abierta al amor mutuo.

La Unidad Espiritual

"No mirando cada uno por lo suyo propio, sino cada cual también por lo de los otros."

Filipenses 2:3 RVR 1960

Si ingresamos a nuevos grupos con la pregunta "¿Qué necesito yo?" , esas conexiones con otras personas fallarán desde el principio.

El egoísmo ambicioso nos conduce al fracaso, ya que otros nunca cumplirán nuestras expectativas ni nuestras necesidades. Esto causa disputas y peleas. Cuando no se satisfacen nuestras necesidades egoístas, tendemos a enojarnos y a sentirnos ignorados.

La raíz del orgullo es una opinión excesivamente elevada sobre nuestra apariencia, habilidades o valor. Nuestra vanidad engañosa nos separa de Dios y de los demás; la gloria del "yo" antes que la de Dios está llena de orgullo. El orgullo no proviene de Dios: nos ciega y nos aleja de Su deseo de que nos amemos mutuamente.

El orgullo puede tomar la forma de un razonable autorespeto, autoconfianza o excesiva autoestima, pero cuando alcanza niveles de egoísmo y arrogancia se convierte en un problema.
Con frecuencia la Biblia se refiere a esta palabra en su sentido más pecaminoso, tanto en el Antiguo como en el Nuevo Testamento.

Cuando colocamos el ídolo del orgullo por encima del Dios Todopoderoso, priorizamos nuestras necesidades y sentimientos sobre los de los demás. Si nos acostumbramos demasiado a la ambición egoísta o la vanagloria nos alineamos con el orgullo, un espíritu que puede destruir cualquier relación potencial.

El apóstol Pablo escribió la epístola a los Filipenses mientras estaba encarcelado. Expresa en su carta que la verdadera alegría proviene de Cristo. Quiere que los santos de Dios vivan en la plena alegría del Señor en lugar de reaccionar ante las circunstancias que los rodean.

Pablo corrigió a los Filipenses. En el capítulo dos instruye a la iglesia a adoptar la misma mentalidad que Cristo en lugar de conformarse al pensamiento de la sociedad.

La iglesia en Filipos reflejaba una gran diversidad en la cual existían malos entendidos. En el capítulo cuatro de Filipenses, Pablo aborda la división en la iglesia y cómo sus problemas relacionales eran una amenaza para su alegría y unidad.

Evodia y Síntique, dos mujeres en conflicto, eran obreras para Cristo y su iglesia. Su relación deteriorada fue significativa porque muchos habían creído en Cristo gracias a su testimonio. Pablo las instó a resolver su conflicto.

Pueden surgir divisiones y disputas como respuesta a nuestro orgullo y expectativas incumplidas, pero permanecer sin reconciliación nunca debería ser una opción. Buscar una actitud de abnegación y humildad cuando hay conflicto, trae reconciliación.

Ejemplos de humildad

Lo opuesto al orgullo es la virtud de la humildad. La ambición egoísta es una forma de orgullo.

Pablo desafía a la iglesia en Filipos y a nosotros a imitar la humildad de Cristo, . porque Él nos muestra la verdadera humildad al tomar forma humana. Renunció a sus derechos como Dios y entregó su vida para pagar la penalidad que merecíamos. Renunciar a nuestros intereses personales es crucial en todas nuestras conexiones.

Debemos adoptar la actitud de Cristo y amar a los demás mientras negamos nuestro reconocimiento y lo que creemos merecer. Al renunciar a nuestros intereses personales, podemos compartir el amor que Cristo nos ordena dar a los demás.

Jesús nos da el Espíritu Santo para guiar nuestra capacidad de sacrificar nuestras necesidades personales y preocupaciones. Al usar Su Poder, adquirimos una actitud desinteresada. Encontrar alegría mediante el servicio, proviene de imitar la humildad de Jesús.

Muchas personas, incluidos cristianos, buscan complacerse a sí mismos o viven para complacer a otros. La ambición egoísta es lo opuesto a servir a las necesidades de los demás. La vanagloria es preocuparse excesivamente por la apariencia, cualidades o logros propios. Una actitud egoísta genera fricciones.

La Unidad Espiritual

Pablo enfatiza mucho la unidad espiritual y lepide a los Filipenses que se amen mutuamente y que sean unánimes en espíritu y propósito. A menudo medimos la grandeza comparando cómo estamos sirviendo a los demás, pero no en ayudar a los demás sin recibir nada a cambio. No podemos depender del afecto recíproco ni de la preocupación de aquellos a nuestro alrededor. Nuestra base debe ser Cristo.

Construir relaciones nos demanda mucho. Estar llenos del amor de Cristo que es la mejor forma de cuidar el alma, nos permite derramar ese amor hacia los demás. Jesús es el mejor ejemplo de un Siervo, una vasija de amor.

La palabra "nada" en las Escrituras no deja espacio para excepciones. No podemos elegir cuándo ser egoístas y cuándo no mostrar amor a alguien porque no nos gusta su actitud casual. Decidir no hablar con la mujer que Dios puso en nuestro camino simplemente porque no pertenece a nuestro grupo favorito, no es una opción. Si estamos con ella, puede que otros no quieran pasar tiempo con nosotros.

Hubiera sido más fácil si Pablo hubiera dicho que no hagamos la mayoría de las cosas por ambición o vanagloria. Decir "la mayoría de las cosas" nos daría al menos una escapatoria de vez en cuando. Pero la palabra "nada" requiere un compromiso continuo de humillarnos a nosotros mismos.

El profeta Daniel tenía un carácter personal excelente. Es uno de los pocos en la Biblia del cual Dios no dice nada negativo acerca de su carácter. Compartió la naturaleza humana de otros líderes en la Biblia, pero parece que superó su naturaleza por medio de sus cualidades admirables.

Mostró un carácter íntegro al negarse a hacer lo incorrecto para los reyes extranjeros. Aunque los reyes le ofrecieron pago por su habilidad para interpretar los sueños, él se negó porque permaneció comprometido con Dios a pesar de toda la presión. Nunca perdió su amor por los demás, incluso en medio de una cultura enemiga.

Cuando el rey Nabucodonosor de Babilonia, un país ajeno a Daniel, pidió que se interpretara un sueño perturbador, mandó a llamar a los magos, encantadores, hechiceros y astrólogos (Daniel 2:1-28). Cuando ellos no pudieron analizar el sueño, ordenó la ejecución de todos los sabios de Babilonia.

Daniel y sus amigos, Ananías, Misael y Azarías (Sadrac, Mesac y Abednego), habían impresionado al rey un año antes. El rey los encontró diez veces mejores que los otros magos y hechiceros, por lo que fueron llamados al servicio del rey.

La orden de ejecutar a los sabios incluyó a Daniel y a sus amigos. Daniel le dijo al rey que él podía interpretar el sueño. Daniel regresó a su casa y compartió los acontecimientos con sus amigos. Les instó a que clamaran a Dios por misericordia.

Durante la noche, Daniel recibió una visión que reveló los misterios del sueño del rey. Daniel le contó al rey la visión y su interpretación, dando toda la gloria a Dios y no a sus propias habilidades.

El rey Nabucodonosor se postró ante Daniel y luego dio la gloria a Dios. Este rey que se consideraba el más grande del mundo, reconoció la preeminencia del Dios verdadero. Daniel nunca se jactó de sus habilidades, sino que siempre atribuyó toda la gloria a Dios.

Daniel pidió al rey que no matara a los sabios del reino y el rey accedió; puso a Daniel a cargo de todos los otros magos. Se acordó de sus amigos y ellos fueron promovidos junto a él. Pronto iban a demostrar su fidelidad a Dios ante una amenaza mortal.

Daniel no solo arriesgó su vida con la interpretación para el rey, sino que salvó todas las vidas de los sabios. Los magos, hechiceros, encantadores y astrólogos no eran sus amigos más cercanos, ni creían en Dios. Daniel no actuó por ambición egoísta ni vanagloria.

Aunque era más sabio que todos los demás a los ojos del rey, no usó ese hecho para obtener más poder. Obedeció a Dios y valoró a los demás por encima de sí mismo. Dios sabe cómo otorgar poder a aquellos que se rinden a Su Autoridad.

A lo largo de su larga carrera, Dios honró y llevó adoración por medio de su fidelidad.

La humildad desinteresada

A pesar de que actuar positivamente de forma desinteresada puede beneficiar a otros, también podemos ganar algo al pensar en los demás primero. Cuando mostramos amor a los demás, ellos comienzan a corresponder.

La abnegación parece más alcanzable mientras más aprendemos de las personas en la Biblia y cómo vivían incluso en sociedades disfuncionales. Encuentro difícil equilibrar mi propio bienestar con el deseo de ayudar a otros debido a mi naturaleza humana. Esta siempre quiere recordarme los dolores que he sufrido y el sentimiento de que merezco más de lo que he recibido.

Si hubo alguien que mereció más, fue Jesús mientras vivía en esta tierra. Él existía en forma de Dios, sin embargo, no usó ese poder y derecho para su propia ganancia. Se despojó de todo al tomar forma de carne humana. Se entregó por completo. Se derramó plenamente en la humanidad. Jesús era completamente Dios y completamente hombre.

Si hemos aprendido algo siendo seguidores de Cristo, es que debemos amar a otros como Cristo nos ha amado. Forzar nuestro camino hacia la cima o buscar sobrepasar a los demás, nunca nos lleva al éxito. Debemos olvidar nuestras necesidades el tiempo suficiente para valorar a otros.

La humildad para muchos implica una pérdida de rango, estatus o medios económicos. Aquí lo miramos como lo opuesto a la importancia o las riquezas. La sociedad ve la humildad como cobardía, mientras que en el cristianismo abrazamos la humildad como una posición de poder.

Cuando estamos sometidos a Dios, modelamos las características de Cristo, elegimos una postura de humildad. Jesús rindió Sus derechos para obedecer a Dios y servir a las personas.

La humildad y el amor están entrelazados íntimamente a través del evangelio y Jesús mostró esas virtudes en todo lo que hizo. Imitarlo en ser desinteresados unos con otros crea lazos más fuertes.

Ser humilde y valorar a otros sobre nosotros mismos es abnegación. Si se trata de mí, estoy siendo egoísta. Si se trata de ti, estoy actuando de forma humilde.

Ejemplos de humildad se demuestran en nuestra Familia por Siempre. La unidad espiritual se profundiza con Los Espíritus Afines, y el Círculo Social nos da la oportunidad de ser ejemplos de humildad. Cada día tenemos la oportunidad de mostrar a los Conocidos Casuales que ellos son valorados.

Valor Por Encima de Nosotros

Crear una actitud de abnegación requiere mucha fuerza personal y coraje. Debemos comprometernos a renunciar a nuestros deseos, enfocándonos más en otros y avanzando con confianza. Tenemos la oportunidad de hacer cambios significativos y comenzar a atraer a las personas hacia Jesús y hacia nosotros mismos.

Ha sido un reto escribir sobre la abnegación. Mi naturaleza tiende a cuidar de mí misma y encontrar excusas:

- Estoy demasiado ocupada.
- No quiero lidiar con actitudes antagónicas.
- Ya tengo bastantes conexiones como para buscar más.

También siento que mi egoísmo se infiltra cuando intento escribir esta sección a mi manera, pero Dios está presente y puede orientar la dirección nuevamente. Mostrar abnegación puede ser humillante Cambiar nuestra pregunta desde "¿Qué necesitamos nosotros?" hacia "¿Qué nos manda Dios a hacer?" puede reorientar nuestro enfoque.

Comienza por salir de nuestras propias mentes. Nuestros pensamientos suelen mantenernos enfocados en nosotros mismos. Comienza a controlar los pensamientos que te impiden apreciar a los demás.

No todas las personas llegarán a ser Familia por Siempre. Sin embargo, para valorar a los demás debemos mantenernos abiertos a cada persona que conocemos, evaluando la interacción con un corazón abierto. Cada cualidad que aprendemos puede aplicarse a cada tipo de amistad, incluso si no hay reciprocidad.

Conocidos Casuales

La comparación del campo de béisbol, donde utilizamos a los jugadores de la primera base y tercera base como Conocidos Casuales muestra la abnegación cuando trabajan juntos por el equipo, aunque no tengan una comunicación cercana.

La comunicación entre estos jugadores es limitada. Son responsables de las jugadas en sus bases con poca conexión con el resto de la defensa. Sin embargo, su enfoque en participar como equipo en lugar de como individuos, es para un bien mayor.

El comportamiento desinteresado para con los Conocidos Casuales puede manifestarse con una sonrisa, un "like" en redes sociales o una pregunta sobre sus vidas.

Las temporadas de béisbol son como repetir el mismo día una y otra vez: uchos de nuestros juegos son repetitivos. Entramos al estadio por el mismo estacionamiento con los mismos asistentes cada día de juego. La misma persona está en la taquilla donde recogemos nuestras entradas.

La mayoría de las noches entramos por la misma puerta con el mismo personal de seguridad. Y lo mismo ocurre en la sección familiar y con los mismos ujieres. No todo el personal es siempre simpático, algunos pueden ser gruñones. Pero independientemente de cómo actúen, yo les muestro amor.

Los actos desinteresados que he hecho son simplemente dar una sonrisa, abrazos, una palmada en la espalda u ofrecer una botella de agua. Humillarme y tomar tiempo para saludar y reconocerlos, lleva tiempo. Pero todos reciben el tiempo que les dedico y también los cumplidos que les doy.

Las personas en esta categoría pueden ser diferentes, pero pensar en cómo podemos tomar nuestro tiempo y mostrar amor a los demás, nos brinda la oportunidad de actuar de manera desinteresada. Se trata de aprender a soltarnos un poco, hacerlo sin esperar nada a cambio.

El Círculo Social

Los jugadores jardineros representan el Círculo Social y su abnegación se muestra cuando cubren todo el campo, apoyando a los del cuadro, trabajando para evitar que anote el otro equipo. No interactúan mucho, pero siempre están presentes para su equipo.

Con nuestro Círculo Social debemos tomarnos el tiempo para que se sientan vistos. Sentarnos con ellos en el estudio bíblico, abrazarlos, detenernos para hablar con ellos e invitarlos a las actividades del grupo.

Comienza a decir "sí" a las personas que no conocemos bien. Dejar de lado nuestras tareas para pasar tiempo con ellos, ayuda a abrir oportunidades para comprenderlos mejor.

En el béisbol, el Círculo Social consiste principalmente en esposas, novias y miembros de la familia que visitan. Nos ayudamos mutuamente con el cuidado de los hijos, los invitamos a comer o a la sala familiar del estadio.

Cuando mis hijos eran más jóvenes intercambiábamos días para cuidar a los niños, permitiendo que todos disfrutaran de noches solos con sus parejas.

Incluíamos a los miembros de la familia en las visitas, ayudándoles a desplazarse por la ciudad y ofreciendo ayuda práctica.

En una temporada, nuestros hijos mayores estaban jugando en una liga de viajes. Una de las otras esposas se ofreció para llevar a nuestro hijo menor con ellos a una serie de viajes con el equipo. Prefería no estar siempre mirando a sus hermanos jugar, ¡y para mí era más fácil lidiar con solo dos!

Vivíamos en el mismo complejo de apartamentos en esa temporada. Le envié un mensaje a la otra esposa cuando íbamos a la piscina, invitando a sus hijos a acompañarnos para darle un descanso.

Espiritus Afines

Los Espíritus Afines de los jugadores de segunda base y campocorto demuestran la habilidad para leer e interpretar los movimientos del uno al otro y moverse según sea necesario.

Ellos son el corazón del cuadro interior. Para lograr un doble play los jugadores deben coordinar sus pasos sin titubear. Deben estar en ritmo y comunicación juntos.

Nuestra actitud desinteresada hacia los Espíritus Afines se demuestra en el entendimiento y la aceptación. El atributo de la humildad como Cristo, nos permite compartir sus dolores y dificultades.

Ser imparcial y ofrecer consejos piadosos sin palabras críticas fortalece el vínculo. Ofrecerles a que compartan con nosotros hace que no se trate de nosotros mismos, sino de estar con ellos durante su momento difícil.

Mi amiga Noelia era una amiga así. Ella es de la República Dominicana y tenía una personalidad fuerte, además era más joven que yo.

David y yo habíamos pasado muchas temporadas invernales en la República Dominicana mientras él manejaba uno de los equipos. Ellos juegan temporadas invernales durante la temporada de descanso de las Grandes Ligas. Muchos jugadores dominicanos que pasan su verano jugando béisbol en los EE. UU. regresan a su país para jugar por su equipo en su pueblo natal.

Cuando conocí a Noelia, ella sabía que mi esposo manejaba los equipos en su país. Ella se paró con las manos en las caderas, una sonrisa en su cara, pero con un desafío en su voz; su primera pregunta fue: "Dime, ¿te gusta mi país?"

Respondí de inmediato diciendo: "¡Me encanta tu país, me gusta considerarlo como mi país también!" Éramos diferentes en muchas maneras, pero nuestra amistad creció con la conexión del "hogar". Mientras más tiempo pasábamos juntas, descubríamos más cosas en común. Noelia era muy inteligente, pero nunca hizo sentir a los demás menos inteligentes. Amaba a su familia y a sus amigos de una forma profunda. Ella pudo hacer conexiones con mujeres de diversas razas y culturas.

Servir

Amar

Valorar

Su vida fue truncada cuando falleció durante una cirugía en el tobillo. Hace mucha falta a toda su familia y a todos sus amigos.

La Familia Por Siempre

La conexión profunda de la Familia Por Siempre se demuestra en la relación entre el lanzador y el receptor. Su comportamiento desinteresado está basado en el respeto y en la confianza entre los dos. Su plan se implementa con el entendimiento de que están trabajando juntos para obtener el mejor resultado, ganar el juego.

La Familia Por Siempre es el epítome de la abnegación. Y ellos modelan esa cualidad a los demás. Con esta conexión, es fácil mostrar humildad en las relaciones de amistad porque son fiables y abiertas al amor mutuo.

Sin embargo, cuando una de las conexiones es orgullosa o autoenfocada, causa un profundo dolor. Cuando la relación es saludable, las acciones desinteresadas ocurren de forma natural. No son forzadas, derramamos amor sin pensar.

Mi Familia Por Siempre ha sido mi familia béisbolera durante mucho tiempo, con algunas adiciones en el camino. Aprecio el cuidado y la preocupación que nos tenemos. Es un grupo muy pequeño, pero mantengo mi corazón abierto para quien sea que el Señor quiera traer a mi vida y pueda llegar a ser parte de este grupo.

La opinión general es que los atletas profesionales no demuestran abnegación, solo arrogancia y vanagloria. Son humanos que muchas veces no alcanzan las expectativas de las personas. ¿No somos todos víctimas de un fracaso donde no alcanzamos los estándares correctos como deberíamos?

Una Mente Optimista

No todos son como nosotros, no todos nos van a complacer, pero esto no nos exime del mandato de amar al otro. La abnegación permite una mejor comunicación con las personas con las que estamos más en contacto. En nuestra humildad, comenzamos a ver algo de ellos que nos gusta.

Practica el mostrar amor a todos con quienes estás en contacto cada día. Tanto online como en persona, el contacto nos permite poner nuestros deseos a un lado y responder con desinterés.

Mantener una mente optimista como Cristo, nos ayuda a pensar lo mejor de los demás. Muestra emoción cuando veas a alguien. Sé entusiasta sobre lo que ellos están haciendo y a dónde van.

Cuando aprendemos a ser oyentes empáticos, nos esforzamos por entender antes de ser entendidos. Cuando escuchamos, nos sumergimos completamente en la vida e intereses del otro y lo que están experimentando.

Mientras escuchamos, no como simple técnica sino con el corazón sin ninguna otra agenda, damos antes de recibir y desarrollamos una relación amorosa. Nuestra forma de escuchar atenta permite que la otra persona se abra para compartir su corazón.

Pasa tiempo a diario reflexionando sobre lo que funcionó y lo que necesita más trabajo. Comprométete a crecer en acciones desinteresadas.

Piensa en las conversaciones que tenemos con otros. ¿Cuál es el enfoque? ¿Se hacen preguntas sobre las cosas que realmente importan? ¿Somos realmente oyentes empáticos?

Comienza con una sonrisa. Muestra el amor de Jesús hacia los demás mientras vives cada día. Busca oportunidades para servir sin excepción. Al abrir los ojos, los oídos y espíritus hacia el entendimiento que Dios quiere de la vida de otros, damos un ejemplo humilde de vaciarnos de la ambición egoísta.

La abnegación es valorar al otro por encima de uno mismo.

★ ★ ★

LAS NUEVE CUALIDADES FUNDAMENTALES #2

La Inclusión

Nunca he sido una persona que quiere estar entre el grupo popular. Quisiera incluir a todos en un gran grupo de diversión y estímulo.

La inclusión significa proveer acceso y oportunidad igual para todas las personas, abarcando aquellas que podrían ser excluidas. El amor inclusivo va más allá al construir conexión con personas que normalmente no elegiríamos.

Una compañera, esposa de un jugador, me describió una vez como alguien que busca a las personas excluidas y las incluye. Me gustó ese cumplido. No quería dejar a nadie afuera. Quería conectar siendo amable y considerada.

Mi personalidad me atrae hacia las personas que se sienten excluidas. Nunca quise dejar a nadie afuera. Nunca me había sentido tan separada hasta que hubo una barrera de idioma, y de repente me convertí en lo mismo que siempre quería prevenir para otros: estar en las afueras.

Cuando estábamos en Venezuela en nuestra primera experiencia en el béisbol invernal, me encontré con el obstáculo de la barrera del idioma. Después de pasar tres inviernos, me sentí más o menos cómoda con el español. Pero luego nos fuimos para otra temporada invernal, esta vez en la República Dominicana.

No me imaginaba que el español de ambos países sería tan drásticamente diferente. Empecé a sentirme cohibida cuando intentaba hablar en español porque no podía entender las respuestas. Me comunicaba con señas cuando ordenaba o compraba algo.

En Venezuela, la mayoría de las esposas que conocí hablaban inglés, lo que me hizo relajarme y no esforzarme tanto para hablar español a menos que lo necesitara en público. Muchas personas con las que conecté en la República Dominicana solo hablaban español, pero no era el español que yo había aprendido.

Comencé a compararme con el grupo de mujeres a mi alrededor. Me reprendí por no poder entender ni hablar el español que necesitaba. Me sentí avergonzada y no quería arriesgarme a superar ese desafío.

Cayendo Barreras

La comparación es un conjunto de mentiras que alteran el camino que Dios tiene planeado para nosotros. Estaba permitiendo que el enemigo usara mi falta de entendimiento del español dominicano para aislarme. Las mentiras que me decía a mí misma crecían.

No quería quedarme en la República Dominicana durante el invierno. Mi vacilación causó tensión con mi esposo. Me sentí excluida.

Algunos años después a David le ofrecieron otra posición como entrenador en la Liga Invernal Dominicana. Oré por toda la situación y sentí que el Señor me desafiaba a dejar atrás mi falta de disposición y pasar el invierno en la República Dominicana.

Empaqué las cosas de mis tres hijos temprano en octubre y nos mudamos por cuatro meses. Decir que estaba llena de temor no sería decir toda la historia. Estaba aterrada, pero di el primer paso pidiéndole a Dios que esta experiencia fuese mejor de lo que esperaba.

Nuestro apartamento estaba cerca de muchas tiendas y restaurantes. Educábamos a los niños en casa y tomaban clases de español tres veces a la semana. Comencé a reunirme con algunas de las esposas dominicanas que se arriesgaron a comunicarse conmigo. Mostraron bondad al incluirme en los grupos y esa acción me impactó mucho.

Las barreras comenzaron a caer mientras su amor por mí aumentaba. La auténtica bondad y la inclusión superaron las diferencias que teníamos, y comencé a pasar más tiempo con las esposas, jugadores y el personal de oficina; todos dominicanos.

En noviembre, invitamos a todos los jugadores y personal a pasar el Día de Acción de Gracias. Preparé todas las comidas típicas de los Estados Unidos y llenamos la mesa, también incluí panecillos caseros y un pastel de manzana hecho a mano que me ganó más amigos.

Algunos meses pasaron, y un día después de su clase de español me encontré con mis hijos en el estadio. Habían ido al club donde estaban los jugadores y entrenadores pasando su tiempo libre. Yo pasaba tiempo con el personal de la oficina.

En el estacionamiento del estadio había un grupo de niños dominicanos jugando vitilla. La vitilla es un juego que se juega con un palo y la tapa de una botella o botellón de agua. Las reglas son similares a las del béisbol con algunos aspectos de criquet.

Nuestros dos hijos mayores querían jugar pero mostraban resistencia porque no conocían a los niños. Mi esposo y yo los animamos a unirse al juego, y finalmente reunieron el coraje y se acercaron. Pero poco después vi que volvían desanimados.

Después de algunas caras largas y quejas, me di cuenta de que los niños dominicanos no querían jugar con mis hijos. Uno de los jugadores nativos dominicanos había escuchado toda la conversación.

Les preguntó a los chicos algunas cosas. Para ese momento, habíamos desarrollado un amor tan grande por este país que los jugadores conocían nuestros corazones y nos abrazaban por completo. El jugador les dijo a mis hijos: "Ustedes hablan como dominicanos pero tienen uniformes bonitos. Ellos no quieren involucrarse. Pura fachada, poco rendimiento." Les explicó que los niños pobres creían que cuando alguien tenía un uniforme bonito significaba que no sabía jugar.

El jugador les dio un pelota de béisbol nueva a mis hijos y les dijo que la escondieran en su bolsillo, se acercaran de nuevo al grupo y pidieran jugar. Si los niños decían que no, entonces sacaran la pelota nueva y dijeran: "Bueno, juguemos con esta pelota en algún otro lugar."

Vimos los resultados esperados cuando los niños dominicanos vieron la pelota nueva e invitaron a mis hijos al juego. Con sonrisas, todos comenzaron a jugar con la pelota en lugar de la vitilla.

Después de ese juego nuestros hijos le regalaron la pelota al grupo. Los niños dominicanos cuidaron esa pelota y siempre buscaban a nuestros hijos para invitarlos a jugar. Pasaron muchos juegos con esa pelota, vitilla y un palo en el estacionamiento.

Conciencia Intencional

Estar fuera del círculo es una posición que nadie desea, incluso si somos introvertidos y preferimos no estar rodeados de personas. Cuando uno se encuentra excluido del grupo, se ahoga en la soledad.

En el béisbol tenemos un grupo diverso de jugadores y esposas, todos con diferentes antecedentes y procedentes de distintos países. Hablan diferentes idiomas y tienen diferentes tonos de piel.

La composición de los equipos de béisbol ha cambiado a lo largo de los años. Actualmente, las dinámicas culturales son aproximadamente un 62% de blancos, un 29% de latinoamericanos/hispanos, un 7% de afroamericanos, un 2% de asiáticos y un 0,4% de nativos americanos/hawaianos/alaska nativos/isleños del Pacífico. Estas estadísticas cambian anualmente.

En la sección familiar, donde se sientan las esposas y novias durante los juegos, vemos una representación muy cercana a esta estadística.

He notado que muchos equipos tienen divisiones culturales: la incapacidad de comunicarse o comprender la cultura de otros los mantiene desconectados.

La división no siempre es hiriente, intolerante o prejuiciosa, pero desafortunadamente he visto también ese tipo de maldad. Cuando existe una división extrema, las relaciones no se comprometen tanto a una conexión a largo plazo.

Los equipos con los que he estado y que tienen menos divisiones, son los grupos con los que establezco vínculos más profundos durante la temporada baja o mucho tiempo después de que ya no estamos en el mismo equipo.

Cuando nos sentimos excluidos tendemos a pensar que somos los únicos. Es un pensamiento engañoso. Otros sienten este mismo aislamiento y pueden retirarse aún más que nosotros.

Seamos conscientes de estas almas preciosas y alcancémoslas. La conciencia intencional crea un canal para fomentar las relaciones. Cuando incluimos a los demás, nos conectamos a través del amor que Cristo nos ha dado.

Mientras avanzamos y aprendemos a incluir a los demás, observamos cómo las relaciones se cultivan en el camino.

Derribando las barreras de la comparación, tomamos la oportunidad para amar a nuestros Conocidos Casuales. Vivir con conciencia intencional permite que nuestro Círculo Social se convierta en Espíritus Afines. La Familia Por Siempre crea la oportunidad más acogedora de incluirnos mutuamente en el amor.

Honrar a los demás

"Amaos los unos a los otros con amor fraternal; en cuanto a honra, prefiriéndoos los unos a los otros."

Romanos 12:10 RVR 1960

Ser devotos y honrarnos mutuamente puede parecer un mandato imposible, pero si hemos aprendido a valorar a los demás por encima de nosotros mismos, también podemos ser devotos y honrarles.

¿Qué implica ser devotos el uno al otro? Hablamos con benevolencia, evitamos herir los sentimientos del otro, y mostramos un interés sincero en ellos. Todo es genuino.

A veces somos expertos en fingir preocupación cuando escuchamos las necesidades de otros o mostramos indignación falsa ante la injusticia. Pero cuando permitimos que el Señor quebrante nuestros corazones, el cuidado del otro se convierte en un interés y cuidado genuino proveniente de Él.

Jesús es un ejemplo de devoción poniendo en primer lugar su dedicación a Dios. Se retiraba solo al desierto, a la montaña, o al jardín para orar. Buscaba pasar tiempo con Dios y acercarse a Él para escucharlo. Jesús vivió su vida para representar a Dios en esta tierra y dio Su vida por nosotros.

Él es el modelo perfecto de bondad y amor. Durante su

ministerio terrenal, bendijo y sirvió a los pobres y afligidos. Jesús incluyó a aquellos en las afueras, no solo a quienes estaban a su alrededor. Nunca mostró compasión falsa o fingida, su amor era genuino para todos.

Once de los doce discípulos eran leales a Jesús. Aunque Pedro lo negó tres veces, se arrepintió. Solo uno lo traicionó al final.

Después de la muerte y resurrección de Jesús, Pedro predicó con confianza y realizó muchos milagros. Las acciones de Pedro mostraron el poder y el efecto del mensaje cristiano.

A través del Espíritu Santo, los devotos seguidores fueron empoderados para realizar sus obras. El Espíritu Santo sigue disponible hoy para fortalecernos y darnos valor y discernimiento.

Dios está completamente comprometido con nosotros. ¿Estamos comprometidos con Él? Jesús debe ser lo primero en nuestras vidas, al menos así debería ser. En nuestra devoción a Él, nos comprometemos a incluir a todos los hijos de Dios.

Estimando a los demás.

Honrar significa demostrar un alto respeto o gran estima por alguien. Cuando honramos a los demás, les mostramos que los valoramos.

Podemos honrar por una de dos razones: o lo estamos haciendo por motivos egoístas o porque reconocemos que fueron hechos a semejanza de Dios.

Honrar a las personas porque fueron hechas a imagen de Dios incluye a todas las personas. Nos cuidan por igual y prestamos tanta atención a cada uno con sus particularidades. Sin importar las diferencias, somos llamados a amar.

Naturalmente queremos que nuestras creencias influyan en los que nos rodean. Dios nos ha llamado a honrar a los demás aun cuando no estemos de acuerdo. Las escrituras nos mandan a honrar a nuestros padres, cónyuges, oficiales y líderes gubernamentales. Él no puso política de excepción en este mandamiento. Aplica a todos.

Estimar a otros no significa que nosotros seamos inferiores a ellos o que carezcamos de valor. Somos hijos de un Dios Poderoso y podemos apoyar a los demás en nuestros corazones por el inmenso amor que Él nos da.

En el capítulo 12 de Romanos Pablo nos explica cómo luce amar a los demás de forma genuina. Él nos instruye a no tener un concepto de nosotros mismos demasiado alto. Somos sacrificios vivos, con el propósito de poner a un lado nuestros deseos para seguir a Dios. Él quiere que seamos personas transformadas con mentes renovadas. Dios no nos ha llamado a ser como el resto del mundo; nos ha llamado a preguntarnos,¿qué quiere Jesús que hagamos?

Sin Favoritismo

En esta sección de Romanos 12 el título es "El Amor en Acción". Pablo nos ofrece una guía sobre cómo vivir nuestra fe. Comienza con el amor y este debe ser sincero. El amor sincero es el amor verdadero en el sentido bíblico, amar al prójimo como a nosotros mismos.

¿Quiénes son nuestros prójimos? Son todos aquellos que fueron creados a imagen de Dios. Estamos llamados a honrarlos y ser devotos hacia ellos.

Dios no favorece a uno sobre otro. Puede que esté decepcionado con nosotros, pero nos cuida a todos. No tenemos la opción de escoger a quién honrar y a quién no. Todas las personas deben ser incluidas, tanto creyentes como no creyentes, tanto pecadores como perdonados.

A menudo, la opinión pública obstaculiza nuestras conexiones. Muchas veces mostramos favoritismo: tratamos mejor a las personas impresionantes y bien vestidas que a las personas descuidadas. Lo hacemos porque erróneamente nos identificamos con el éxito y no con el fracaso.

El juicio según estos estándares es engañoso. Porque alguien tenga una apariencia distinguida determinamos que es inteligente, sabio y trabajador. La decepción puede ocurrir al ver que en realidad son codiciosos, deshonestos y egoístas.

Cuando honramos a alguien por su apariencia hacemos que esta sea más importante que su carácter. Si decimos que Cristo es nuestro Señor, debemos vivir de la forma que Él requiere, sin mostrar favoritismos y amando a todos sin importar su estatus.

En realidad, es más fácil favorecer a personas que piensan igual que nosotros, que a aquellas que no comparten nuestras mismas creencias. Dios nos llama a amar a nuestros hermanos y hermanas, pero también nos manda predicar el evangelio a las naciones.

En Lucas 6, el evangelista escribe que no somos diferentes a los pecadores si amamos solo a los que nos aman o si hacemos bien a quienes nos hacen bien. Se nos exhorta a amar y hacer el bien incluso a nuestros enemigos, y eso es extremadamente difícil. Solo podemos lograrlo con la ayuda del Espíritu Santo.

A lo largo de su ministerio terrenal, Jesús permitió que los fariseos y maestros se acercaran mientras enseñaba y sanaba. Les permitió a todos beneficiarse de su presencia, aunque también estableció límites.

Jesús sanó a la mujer exiliada que sufría por el flujo de sangre, aún en medio de una multitud que incluía a los fariseos. La mujer sabía que al tocar el manto de Jesús sería sanada. Jesús atrajo a la mujer que estaba en las afueras.

La mujer samaritana fue marginada de su pueblo, pero Jesús bebió del agua que ella le ofreció. Su pasado no limitó a Jesús. La opinión pública no le impidió mostrarle amor.

Él pidió a Dios que perdonara a los hombres que se

disponían a crucificarlo. Las mismas personas que buscaban quitarle la vida, y Él les mostró tanto amor al pedirle a Dios que los perdonara.

Todos estamos hechos a imagen de Dios. Cuando aceptamos a Cristo como nuestro Señor y Salvador somos adoptados en la familia de Dios, hijos e hijas del Rey. En algún momento de nuestras vidas podríamos haber sido exiliados, aislados o haber tomado decisiones erróneas, pero alguien nos buscó e incluyó. Nos amaron tal como éramos y compartieron su relación con Jesús.

En la confianza en Dios y en lo que Él puede hacer en y a través de nuestras vidas, un Conocido Casual, alguien de nuestro Círculo Social, un Espíritu Afín o alguien de nuestra Familia por Siempre, nos invitó a disfrutar la historia del amor de Dios.

Ojalá que seamos esa persona para alguien. Dediquémonos a amar a aquellos con quienes nos encontramos accidentalmente o con quienes interactuamos en nuestro Círculo Social, tratando de conectarnos más profundamente y elevándolos a todos.

Conducto de Conexiones

Muchas personas pasan décadas esperando que otros se conecten con ellos. Quiero desafiarte a ser ese conducto de conexión, un canal de amor hacia los demás incluso cuando parece que ellos no quieren conectarse. A veces las personas necesitan que demos el primer paso.

Al vivir la historia de Dios en nuestras vidas, hacemos conexiones activamente. Incluirlos en tu historia con Dios requiere acción.

Sé que muchos de ustedes están inquietos en este momento. Puede que seas tú quien no quiera hacer las conexiones. Respira. No te voy a pedir que hagas una profesión pública de tu fe o de tus temores. Algunos desafíos pueden sacar a los introvertidos de su zona de confort, pero te prometo que vale la pena al final.

Una Invitación

El año en que David y yo regresamos a la República Dominicana con nuestros hijos para la temporada invernal, yo estaba fortaleciendo mi fe de manera intencional. A principios de ese mismo año estaba descontenta y necesitaba recuperar mi fe. Estaba insegura acerca de este aspecto de la vida cristiana, pero pensé, ¿por qué no darle una oportunidad?

Una esposa empleada de la oficina, a quien había conocido por algunos años pero con quien solo intercambiaba saludos al pasar, comenzó a sentarse conmigo durante los juegos. Después de unas semanas ella compartió que asistía a una iglesia cercana.

Me explicó que todo era en español, pero aún así me invitó. Aproveché la oportunidad. No había entendido mucho de la Biblia en inglés, así que pensé que podía probar un servicio en español.

En años anteriores mi amiga y yo habíamos ido a algunas fiestas interesantes y nunca hubo ninguna indicación de que nos interesara la iglesia.

Su nueva fe le había dado confianza y aprovechó la oportunidad para invitarme. Por su amabilidad, tomé el riesgo y fui con ella a la iglesia.

Al ingresar al servicio mi amiga me presentó al pastor, quien me saludó de inmediato con un abrazo y me dijo cuánto me amaba el Señor. Mi amiga se disculpó por la falta de traducción al inglés, pero realmente no la necesitaba. El amor de

Dios estaba siendo transmitido a mi corazón. Ella me había conectado con los demás con su iglesia y con Dios.

¿Qué tal si empezamos por incluir a los demás? Ábrete y permíteles entrar en tu momento, tu día y tu vida. Conectamos y construimos nuestras historias juntos, ya sea por un momento o durante toda la vida.

Cada día, sé intencional en conectar con las personas con las que haces contacto. Nunca sabemos cuándo esa persona que Dios ha puesto en nuestro camino se ha sentido excluida, subestimada y sin valor. Sé la persona que les ayude a superar esos sentimientos. Una reacción genuina de bondad y amor puede ser la respuesta a su oración o a la nuestra.

Conocidos Casuales

Los Conocidos Casuales pueden ser lo más difícil y, a la vez, lo más sencillo cuando uno busca incluirlos. Son aquellos en las afueras que se conectan solo al pasar.

Los ejemplos de los jugadores en las posiciones de la primera y tercera base me recuerdan a las personas en las afueras. Están en esquinas opuestas del campo y no tienen mucho contacto con otros jugadores. Están más involucrados en jugadas entre ellos que con el resto del equipo.

A pesar de que no reciben mucha atención por su defensa, ayudan a lograr outs cuando los corredores intentan avanzar bases. Motivan a los otros jugadores generando ánimo cuando logran outs, como un ponche, un elevado o un doble play.

Ser un conducto de conexión con un Conocido Casual comienza con iniciar una conversación, presentándote a ti mismo o preguntándoles algo. A veces puede bastar con una sonrisa o un saludo sencillo.

Nuestros esfuerzos por incluirlos son una acción visible de nuestra devoción a Dios. Honrar a aquellos con quienes no tenemos conexión es un ejemplo que inspira a otros.

Conectarse con este tipo de relaciones no significa que

tengamos que abrirles la puerta a toda nuestra vida. Es un nivel de amabilidad que no encuentran en otras personas.

Puede ser abrir la puerta para una madre que entra a la tienda. Puede ser recoger algunos papeles para un cliente en la cafetería. O puede ser hacer espacio en la iglesia para que una pareja de ancianos pueda sentarse cómodamente.

Cuando alguien paga el café de la persona que está detrás de él en el autoservicio, se genera una ola de de otros que hacen lo mismo.

Un extraño llama a la escuela y paga las cuentas de almuerzo de los estudiantes. Los padres se enteran y comparten esa información con otros, y otras escuelas se benefician de ese acto de bondad.

Yo viajo mucho durante las temporadas de béisbol y también por mis compromisos como oradora. Los vuelos y viajes compartidos en coche son lugares propicios para conectarse con Conocidos Casuales.

Puedo medir qué tan abierto es alguien sentado a mi lado en la puerta de embarque, en el vuelo o en el coche, con tan solo preguntarles algo. Para incluir a las personas hago preguntas que dan lugar a una respuesta reflexiva.

Les pregunto de dónde son. Escucho y continúo con otra pregunta relevante a su respuesta. Luego pregunto sobre su familia. ¿Qué edad tienen los hijos? ¿Qué quieren ser los hijos cuando sean adultos? ¿Cuál es la universidad de los sueños de los hijos? Son buenas preguntas para empezar.

Para muchos es un paso fácil. Para otros, puede tomar algo de trabajo. Comienza a buscar personas a quienes puedas ofrecer ayuda o con quienes puedas entablar una conversación.

El Círculo Social

Los jardineros del campo representan el Círculo Social, reflejando la inclusión por la forma en que necesitan comunicarse más que los jugadores del cuadro. Aunque están asignados para cubrir un área específica, muchas veces corren para ayudar a otros jardineros o a los del cuadro.

Combinan sus esfuerzos para proteger el jardín. Aunque cada jardinero quiere resguardar su área, también se esfuerzan por mantener la bola dentro del campo y evitar un cuadrangular o jonrón. Trabajan juntos para prevenir que la bola caiga o pase a otro jugador.

Honrar a las personas dentro de nuestro Círculo Social puede ser lo más fácil, pero ser devotos de ellos es quizás donde necesitamos más trabajo. A veces fingir preocupación o interés sale natural. Podemos sonreír y escondernos tras nuestra necesidad de seguir adelante.

Como conducto de conexión, podemos ir más allá de la simulación e incluirles en más tiempo compartido. Presentarles a otros amigos. Invitarles a nuestros hogares para tomar café o para un estudio bíblico.

Invitarles a unirse a nuestro equipo de softbol, tenis o pickleball. Lo más profundo de esta conexión es la oportunidad de pasar más tiempo juntos, no solo compartir y retirarnos.

Durante años, me quejaba por la falta de invitaciones a almuerzos o cafés. Sí, había algunas invitaciones, pero me quejaba de las que no recibía. Me convertí en la persona que invitaba y eso cambió la conexión con muchos.

Nuestras personalidades pueden ser del tipo que espera ser invitado e incluido, pero quiero animarles a ser más atrevidos. No es necesario invitar a toda la sala de madres para tomar café, pero puedes invitar a una. Será una tarea que se haga manteniéndonos firmes en el conocimiento de que Dios pone a estas personas en nuestro camino con un propósito. ¡No pierdas esta aventura!

Espíritus Afines

Los Espíritus Afines, surgen de las personas que conoces

en tu Círculo Social cuando las invitas y te das cuenta que tienen una conexión más profunda que antes.

Los Espíritus Afines en el béisbol, los jugadores del cuadro medio, están involucrados en casi cada jugada del partido; están sincronizados entre sí en jugadas en la segunda base e intentan estar vinculados en cada aspecto del juego.

Algunos jugadores del cuadro medio trabajan mejor juntos que otros; su conexión es cohesiva, fluida y continua. Son intencionales y permanecen conectados con sus acciones conjuntas para lograr ser el mejor dúo.

Al decidir iniciar conexiones cuando se percibe la reciprocidad de intereses, tenemos la responsabilidad de ser conductos. Nos incluimos el uno al otro en una creencia compartida, en una relación más profunda que nuestro Círculo Social.

Nuestros Espíritus Afines están invitados a entrar en los detalles de nuestras vidas. Estamos dedicados a sus mejores intereses. Les invitamos a entrar con bondad y comprensión edificándoles en las áreas en las que tienen dificultades.

Les honramos en maneras que otros puedan ver que les estamos respaldando. A lo largo del tiempo que pasamos juntos, se produce una danza de flujo y reflujo en la que uno necesita más que otro. Sin embargo, no es un problema sino un honor experimentar la vida con ellos.

En la conexión con nuestros Espíritus Afines se produce un crecimiento natural del interés común. El crecimiento intencional con conversaciones sobre lo que importa y lo que es significativo, es parte de este proceso. Incluir a esas personas en eventos significativos es vital.

La mayoría de estas relaciones no tienen invitaciones formales, sino un entendimiento claro de que las puertas siempre están abiertas. Cuando la casa está desordenada y los niños lloran entramos para ayudar, no simplemente ignoramos la situación o nos preparamos para salir.

Cuando me encuentro con alguien, quiero conocer más sobre esa persona. Me encanta incluirles en aspectos privados de mi vida. Las chicas con las que crecí hasta llegar a ser Espíritus Afines, entienden mi lado más vulnerable. Compartimos historias de dolor y heridas sin temor a ser juzgadas.

Estas mujeres conocen mi corazón, y yo conozco el suyo, y me encanta animarlas sin pretensiones. La inclusión genuina y sincera puede ocurrir. Con mis amigas del béisbol no hay límite de edad ni directrices sobre las diferencias étnicas o culturales.

He logrado desarrollar relaciones amorosas que de manera natural han llegado a ser Espíritus Afines sin ninguna explicación. La única razón por la que nuestra amistad ha crecido, es porque nuestros espíritus se han conectado.

Me siento sumamente bendecida de que varias de estas chicas hayan estado en mi vida durante tantos años.

La Familia Por Siempre

Nuestra Familia Por Siempre ya está incluida en nuestras vidas. Estamos estrechamente vinculados y siempre invitados a las actividades divertidas y también a las difíciles.

Esta relación en el béisbol se asemeja a la del lanzador y el receptor. Ellos no pueden funcionar sin el otro. Los lanzadores iniciales solo lanzan una vez cada cinco días.

El receptor trabaja con más de un lanzador durante las semanas. Antes de cada juego, elaboran el mejor plan para crear la estrategia más efectiva. La relación entre el lanzador y el receptor debe ser más sólida que cualquier otra relación en el equipo.

La Familia Por Siempre está tan entrelazada que hace planes para incluir intencionalmente. En la relación, ambos son conductos de conexión. Las invitaciones no tienen que ser extendidas de manera formal porque estamos conectados a diario.

Algunos de la Familia Por Siempre no pueden comunicarse o verse muy a menudo. Cuando se conectan, es como si nunca se hubieran separado. No pierden el ritmo; no es necesario repasar los detalles porque siempre recuerdan todas las historias.

La lealtad en estas relaciones está basada en la devoción a la amistad. Son leales hasta el final. La emoción fuerte de amarse es la base de la conexión.

Nos honramos los unos a otros al proteger nuestras historias que solo nosotros sabemos. Compartimos más con estas personas que con cualquier otra. Ellos conocen lo íntimo de nuestras vidas.

La conexión con la Familia Por Siempre está impregnada de un profundo respeto y aprecio. Ambos comparten estos sentimientos.

Ellos están ahí cuando necesitamos un abrazo; incluso con un mensaje de texto o una llamada, las conexiones virtuales pueden ser lo que necesitamos. Hay aplicaciones que nos ayudan a comunicarnos cuando no estamos cerca.

Es importante aparecer cuando tenemos ese sentimiento de que algo anda mal. Una invitación para jugar golf es una buena oportunidad para conversar. Sentarse en la playa con la familia cerca, pero no tan cerca como para escuchar la conversación. Una noche fuera o un retiro, son oportunidades para pasar tiempo juntos.

Superando la Distancia

Mientras escribía sobre las aplicaciones parlantes, mi Marco Polo me avisó que mi amiga intentaba comunicarse conmigo. Ella me preguntaba sobre un próximo evento en mi familia. Yo había estado ansiosa por recibir buenas noticias de nuestro hijo mayor. Jenn sabía que estaba ansiosa y me preguntaba si ya había recibido las noticias y si esa ansiedad estaba afectando mi trabajo en el libro.

Le compartí mis sentimientos. Ella confirmó que eran

válidos y me dijo que estaba orando por mí. Su confirmación me ayudó a mantenerme enfocada en las tareas de hoy. Saber que ella cuidaba de mí significaba mucho. Ella me conoce.

Jenn y yo vivimos separadas por una distancia de setecientas millas, pero esas millas no importan cuando somos Familia Por Siempre. Superamos la distancia en millas con la conexión en nuestros corazones.

Incluirnos mutuamente es esencial en cada aspecto de nuestra amistad. Ser un canal de conexión es nuestra responsabilidad en cada etapa.

Ayudarnos a elevarnos espiritualmente es fundamental. Seguir siendo imparciales y justos con quienes incluimos, nos permite derribar las barreras que nos separan; debemos verlos como Dios los ve.

La devoción y el honor hacia los demás reflejan el amor de Cristo. Debemos estar atentos a aquellos que están en las afueras, invitarlos a unirse, iniciar la conversación. Tratar con ellos con la intención de comprender quiénes son. Podemos disfrutar de la inclusión y una conexión profunda.

★ ★ ★

LAS NUEVE CUALIDADES FUNDAMENTALES CUALIDAD #3

El Apoyo

Las esposas y novias de los peloteros son mujeres extremadamente independientes. Nuestros esposos trabajan casi a diario desde febrero hasta noviembre si llegan a la Serie Mundial.

Nos encargamos de todo: el hogar, los viajes, las finanzas, tomar la mayoría de las decisiones familiares. Sentimos que debemos tomar esas decisiones sin ayuda de nadie.

A veces es fácil seguir adelante sin apoyo pero nos hace sentir solas. No podemos vivir la vida solas, necesitamos a los demás. Nuestra meta al servir de apoyo es estar presentes cuando alguien necesita un saludo, ayuda o un abrazo.

Servir de apoyo es llevar la carga de alguien con ánimo e inspiración. El amor que apoya no estorba, sino que ayuda a los demás en su camino con la Palabra de Dios y la oración.

Algunos de mis apoyos más significativos vienen de mi familia del béisbol en acciones como: estar presentes los unos para los otros, comunicarnos honestamente y con amor, orar unos por otros y celebrar nuestras vidas juntos.

Información confiable

Después de un partido en casa estaba caminando hacia el clubhouse cuando vi a una esposa que normalmente muestra alegría, pero esta vez la vi pálida y ansiosa. Me acerqué y de repente me abrazó llorando. La abracé hasta que se calmó y estuvo lista para hablar.

Su esposo había dejado caer una bola alta que causó la pérdida del juego. Tampoco había logrado un hit para su equipo durante el juego. A veces las esposas experimentan una crisis emocional cuando saben que sus esposos están decepcionados con su juego.

Las esposas comparten sus angustias con sus amigas más cercanas para que cuando sus maridos salgan del clubhouse, puedan apoyarlos sin las emociones que los hacen sentir peor.

Tan pronto como la esposa se calmó, me pasó su celular y me mostró un mensaje que había recibido en redes sociales. Me sorprendieron las palabras ofensivas escritas por un fanático de nuestro equipo.

Ellos amenazaban con agredirla a ella y con asesinar a sus hijos por la mala jugada de su esposo. El agresor virtual incluso tenía fotos de los hijos sentados en la sección familiar del estadio.

Validé su miedo y le ofrecí ayuda en lo que necesitara. Quería que se sintiera vista, escuchada y apoyada, y le aseguré que también la apoyaba en oración.

Su esposo se acercó y la abrazó. El personal de seguridad tomó su teléfono y fue a una habitación a comenzar una investigación sobre los mensajes.

Lo único que pude hacer fue orar. Esta mujer me había confiado esta información y tenía que confiar en Dios para lidiar con esta situación.

Oramos para que alguien esté con nosotros cuando algo aterrador nos pase, y que podamos estar presentes cuando otros necesiten nuestro apoyo.

Después de otro partido, un grupo de mujeres del equipo bajaban las escaleras para esperar a los jugadores tras un juego muy intenso. Estábamos discutiendo el trato cruel de los fanáticos que estaban sentados alrededor de nuestra sección. El incidente anterior de la amenaza estaba muy fresco en nuestras mentes.

Estando en nuestro estadio, esperábamos que los fanáticos animaran a nuestro equipo. Este juego en particular no fue nuestra mejor ejecución y perdimos por muchas carreras.

Los fanáticos sentados cerca de la sección familiar conocen a las esposas de los peloteros, y algunos de ellos gritaban insultos a las esposas cuando sus jugadores cometían errores. Los fanáticos en este juego en particular abuchearon más fuerte y de manera más grosera de lo que habíamos escuchado en tiempos pasados.

Todas las esposas estuvieron de acuerdo en que los fanáticos deben animar al equipo; pero un miembro de seguridad nos escuchó y nos recordó algo: si podíamos aceptar los aplausos, también teníamos que aceptar los abucheos. Una respuesta chocante pero honesta.

Conectarse y corregir

Apoyar a los demás incluye animar pero también corregir la mala conducta. Cada relación es diferente y la manera de hacerlo también. Aprendemos a discernir cómo ser firmes con el otro.

El apoyo en los deportes normalmente está vinculado con los fanáticos y su entusiasmo por su equipo favorito, o por la falta de éste. Como esposas y novias, somos los pilares de apoyo para sostenernos mutuamente.

El apoyo de las otras esposas y novias en el béisbol es

invaluable a lo largo de la temporada y más allá. Pero a veces falta el apoyo, debido a la comparación y los prejuicios.

Cuando nos comparamos con otras, siempre nuestras mentes encuentran algo que falta. Nos impide apoyar a los demás porque siempre nos estamos comparando o midiendo, o viceversa.

Cuando comparamos, inevitablemente también juzgamos. Expresar una opinión equivocada sobre alguien, suele basarse en ideas alimentadas por una pésima valoración de esa persona.

La mejor forma de superar la comparación y el juicio es enfocarse en otros y cómo podemos apoyarlos, en vez de concentrarnos en nuestras diferencias. Buscar personas que podamos acompañar, beneficia a ambos.

Ministerios del béisbol

David y yo hemos encontrado un increíble cuidado a través de dos ministerios en el béisbol: Baseball Chapel y Pro Athlete Outreach (Alcance para Atletas Profesionales).

Baseball Chapel es un ministerio internacional reconocido por las Ligas Menores y Mayores de Béisbol y es responsable de nombrar y supervisar a todos los líderes de capilla (más de quinientas capillas en el béisbol profesional).

El ministerio se extiende por todas las Ligas Menores y Mayores y su alcance fuera de los Estados Unidos llega a las ligas en México, Puerto Rico, Venezuela, la República Dominicana, Nicaragua y Japón.

También proveen servicios dominicales y estudios bíblicos para los equipos de casa y visitantes. Capacitan en liderazgo al ministerio de mujeres que guía estudios para las esposas y novias. Los líderes ayudan en muchas áreas de la vida, encontrando servicios médicos, cuidado infantil e iglesias.

La líder del ministerio de mujeres también es un hombro para llorar o alguien para acompañar en un día divertido. Pueden ser el soporte en una nueva ciudad con un nuevo equipo.

Desde 1971, Pro Athletes Outreach (POA) ha existido para unir a una comunidad de atletas profesionales y parejas, para crecer como discípulos de Jesús e impactar positivamente en sus áreas de influencia.

Ellos animan a la comunidad de atletas profesionales a perseguir una vida que refleje más a Jesús. POA se enfoca en el discipulado a través de conferencias anuales, estudios bíblicos, reuniones de mujeres y eventos locales.

David y yo comenzamos a asistir a la conferencia POA en 2004. Ha sido un lugar para reunirnos con personas con la misma mentalidad en el mundo del béisbol. Ha respaldado nuestra relación ayudando a sobrellevar el tiempo separados durante la temporada. Las enseñanzas en la conferencia refuerzan nuestra fe y cómo servir a Jesús mejor. Celebramos en los momentos altos y oramos durante los bajos.

Hemos creado un sistema de apoyo con estas conexiones. Nuestro sistema incluye relaciones informativas que nos apoyan con seguridad. La conexión emocional comparte inspiración, mientras que la conexión instrumental hace que las cosas funcionen. Nuestras conexiones investigativas buscan dónde pueden apoyarnos sin tener que preguntarnos.

Haz una lista de las formas en que puedes ser de apoyo en cada una de las relaciones. Podemos crecer en nuestras conexiones y edificar la comunidad con intención, glorificando a Dios con nuestros *Conocidos Casuales, Círculos Sociales, Espíritus Afines* y *Familia Por Siempre.*

El apoyo se considera una de las funciones más importantes en las relaciones. Cuando recibimos apoyo, experimentamos mayores habilidades de afrontamiento y contentamiento. Dar apoyo a otros nos llena de gozo y les da paz a ellos.

Por Sus Medios

"Así que, ya no nos juzguemos más los unos a los otros, sino más bien decidid no poner tropiezo u ocasión de caer al hermano."

Romanos 14:13 RVR 1960

Cada uno de nosotros tiene que rendir cuentas a Cristo, no sólo el uno al otro. Como creyentes, debemos mantenernos firmes contra las actividades prohibidas en las Escrituras. Basar nuestros juicios morales en opiniones, antipatías personales o prejuicios culturales en lugar de la Palabra, no refleja a un cristiano amoroso.

Tanto los cristianos fuertes como los débiles pueden ser obstáculos para otros. Los cristianos fuertes pueden ser insensibles y demostrar su libertad de forma intencional para ofender a otros. Los cristianos débiles a veces tratan de encasillar a los demás con sus juicios triviales.

Pablo quiere que los lectores sean firmes en su fe y sensibles a las necesidades de otros. Todos somos fuertes en algunas áreas y débiles en otras. Debemos monitorear el efecto que nuestro comportamiento tiene en los demás.

No debemos ser piedra de tropiezo para otros. Al tomar el tiempo para apoyar a los demás, somos pilares de la fe desde el fundamento que es Cristo. Somos la roca de Cristo donde reciben el socorro necesario para sentirse amados y apoyados.

La mayoría de las personas no brindan apoyo porque previamente han sentido soledad en alguna situación difícil. Por mi experiencia, sé que es un desafío cuando necesito a alguien para que me apoye y no hay nadie. He tenido que depender del fundamento firme de Dios en esos tiempos. A través de su tremendo amor, puedo sentirme débil en mí misma, pero llena de Él. No podemos permitir que estos pensamientos nos impidan apoyar a otros.

A veces, el obstáculo con las personas que conocemos es la comparación. Somos demasiado orgullosos cuando nos comparamos con otros o les comparamos a nuestros estándares demasiado altos. Comparar nuestra fe firme con la debilidad de otros tiene su raíz en el orgullo. Juzgar causa dolor a los demás y viene en diferentes formas, pero nunca debería ser así. Las relaciones amorosas tratan de ver las diferencias, pero aún así extender un lugar seguro para recibir apoyo.

La comparación no produce sabiduría. Mientras más maduramos en la fe, más crecemos en sabiduría por el hecho de comprender para qué nos creó Dios. Apoyar al otro es un producto de la sabiduría. Vestirnos de amor como producto de nuestra fe madura, nos ayuda a apoyar a los demás.

Conexiones Cercanas

Elías y Eliseo estaban conectados de manera muy cercana, con el mayor mentoreando al menor. Ambos eran grandes profetas de Dios. Elías era el portavoz de Dios, escogido para declarar la verdad a la nación de Israel.

Elías había estado guiando a Eliseo para que fuera un gran hombre de Dios, ungiéndolo para que fuera su sucesor. Mientras Elías se acercaba al final de su ministerio, fue llamado a Betel y le pidió al hombre más joven que se quedara donde estaba.

Eliseo respondió: "Tan cierto como el Señor vive y como tú vives, no te dejaré". Y ellos continuaron juntos a Betel. Cuando cruzaron el Río Jordán, el mayor le preguntó al menor qué podía hacer por él antes de ser llevado por Dios. Eliseo le pidió ser su heredero o sucesor, el que continuaría su labor. Elías no pudo conceder esta petición, pero dijo que dependía de Dios.

Luego, un carro de fuego y caballos los separó a los dos. Y

Elías fue llevado en un viento al cielo. Eliseo rompió su túnica, y levantó el manto de Elías que simbolizaba su autoridad como profeta. El Señor le concedió la petición a Eliseo porque sus motivos eran puros. Su objetivo principal no era ser mejor o más poderoso que su mentor, sino hacer más para Dios. Elías y Eliseo se apoyaron hasta el final.

El amor incondicional del Señor es lo que nos permite ayudar al otro. Sin ningún obstáculo en nuestro camino podemos conectar y apoyar. Podemos ir más allá, saliendo de nuestra zona de confort y desatando el potencial para el gran Poder de Dios.

Mucho Más Allá

Cuando Jesús entró a Cafarnaúm, alguien le ofreció su casa para predicar la Palabra. Había tantas personas reunidas que no dejaba espacio ni siquiera para entrar. Estaban todos llenando la casa, hasta las salidas.

Cuatro hombres llevaban a un hombre paralítico en un lecho. Habían oído del Poder sanador de Jesús y querían que su amigo se beneficiara. Cada vía de acceso hacia Jesús estaba bloqueada, así que los amigos, desesperados y con una creencia firme en que Jesús podía sanarlo, rompieron el techo y bajaron al hombre en su lecho a los pies de Jesús.

Ellos hicieron más allá de lo esperado por su amigo paralítico porque creían en el Poder sanador de Jesús. Jesús lo sanó por la fe de sus amigos.

Nuestro apoyo más grande viene de Dios. Cuando tropezamos, su amor infalible es nuestro fundamento. No queremos tropezar y causar que alguien pierda el amor de Dios. Sin embargo, si cometemos un error, Jesús sigue presente en nuestras vidas.

Jesús es la raíz de donde sacamos nuestra energía. Con su fuerza, podemos ser el refuerzo que alguien necesita.

Con Su ayuda, podemos ser la Piedra Angular para las

relaciones. Por Su Poder, podemos estar en un lugar donde las personas sepan que estamos comprometidos a apoyarles.

Apoyarnos el uno al otro, es compartir nuestras luchas con ellos. Estar presentes para escucharles, compartir palabras de ánimo, orar por ellos y celebrar cómo perseveran. Es importarnos lo suficiente como para fortalecerles.

En Filipenses capítulo 4, leemos sobre la gratitud de Pablo hacia las personas de Filipos. Él estaba necesitado y la comunidad le sostenía. Él se regocijaba en el cuidado que las personas le mostraban.

Pablo les dijo que su agradecimiento no era solo porque estaba desesperado, sino porque ellos mostraban tanto cuidado hacia él que le fortalecían. Él compartió que sabía cómo estar contento en cada situación, tanto en la abundancia como en la escasez.

La única forma en que podía hacer esto era por medio de la fuerza de Dios. Y después les dijo: "Bien hicieron en participar conmigo en mi tribulación." Como los hombres que cargaban al paralítico en el lecho, ellos participaron en sus luchas y buscaron formas para ayudarle.

En nuestras cuatro relaciones, Dios desea que incluyamos a todos. Quitar los obstáculos del juicio ayuda a nuestros Conocidos Casuales. El Círculo Social puede que incluya a muchos, pero por el Poder de Dios permitimos al grupo tomar tiempo para escuchar y acercarnos más en servicio.

Los Espíritus Afines tienden a abrazar las conexiones, permitiendo que el consejo y la información sean compartidos libremente. La Familia Por Siempre va más allá de la unidad, ayudándonos unos a otros en el crecimiento.

Cuidar de una manera que fortalece a los demás, implica poner de lado nuestra naturaleza independiente y estar presente para ser el oído que escucha, compartir palabras de aliento, orar y celebrar como perseveran.

Los Sistemas de Apoyo

Muchas mujeres creen en la mentira de que la falta o la abundancia de otra mujer determina el valor de su vida. Los hombres suelen medir la fuerza física, el patrimonio financiero y las carreras. La popularidad es algo con lo que ambos géneros luchan.

Proteger nuestras mentes de la comparación, conclusiones falsas y suposiciones es la base para construir relaciones de apoyo.

Una vez, en una conferencia de escritores, la conferencista mencionó que muchos escritores novatos piensan que sus libros nunca serán publicados debido a la falta de espacio en el mundo editorial. Ella lo comparó con una torta. Una torta normal tiene de seis a ocho pedazos y no puede crecer en tamaño.

Sin embargo, si Dios te ha llamado a algo, Él puede aumentar el tamaño de la torta para que puedas cumplir con tu llamado. Deja de compararte con esa torta. Comienza a apoyar a los demás.

Cuando trabajamos como miembros de equipo, construyendo relaciones amorosas en lugar de ser personas aisladas, creamos una sólida base de amigos y familia. Comprometernos a intentarlo y permitir sinceramente que otros se acerquen, ayuda a construir comunidad.

Celebrar Juntos

Nuestro hijo mayor, DJ, jugaba béisbol en la Universidad de Carolina del Este durante su temporada como estudiante universitario. También jugó para la Universidad de Massachusetts Amherst durante su temporada de posgrado.

Él resultó elegible para el draft de las Grandes Ligas después de su graduación.

David, mi esposo, estaba entrenando con Los Piratas de Pittsburgh ese año. El día de reclutamiento llegó y el equipo estaba jugando en Pittsburgh. Nuestro hijo salió del apartamento con una camisa tonta puesta. Yo le pedí que se cambiara.

Bromeaba diciendo que si no lo reclutaban sería porque le había mandado a cambiar su camisa. Decidimos no discutirlo en la sección familiar, en caso de que no recibiera la llamada. No quería que se sintiera avergonzado si no sucedía.

En la quinta entrada sonó su teléfono. Era un scout del equipo de Washington que lo había reclutado. Cuando terminó la llamada, él confirmó que lo habían reclutado, y grité tan fuerte que las otras esposas pensaron que algo malo había pasado.

Cuando les dije que el equipo de Washington había reclutado a DJ comenzaron a celebrar. Cada esposa se paró y celebró con él con abrazos y gritos. Estas mujeres estarán por siempre en mi corazón por la forma en que apoyaron a nuestra familia.

Al buscar lo bueno en otros, en lugar de buscar lo malo o compararnos, podemos estar presentes unos para otros.

Liderar con Gracia

He pasado algunos veranos difíciles en la vida del béisbol. Uno de mis más grandes apoyos a lo largo de los años, es una líder en el ministerio del Baseball Chapel llamada Beth.

La conocí cuando estaba dando una charla en un evento de primavera para Baseball Chapel. No estábamos trabajando para el mismo equipo que ella representaba. Estaba acompañando a otra esposa del béisbol que era nueva en su fe.

Observé a Beth con su amiga mientras repasaban el horario

y los talleres para ver a cuál asistir. Noté que Beth le prestaba atención, la animaba y mostraba comprensión.

Ellas llegaron a mi taller. Compartía sobre vivir una vida intencional para el Señor. En algún instante, compartí dónde vivíamos durante los tiempos fuera de temporada. Resultó ser la misma ciudad donde vivía la esposa que la acompañaba.

Ellas se acercaron después del taller e hicieron conexión. Estuve muy impresionada con Beth y la forma en que aconsejaba sin ser controladora; ella trataba con gracia a la otra esposa.

Me emocioné cuando David y yo descubrimos que trabajaría con el equipo que Beth y su esposo representaban en Baseball Chapel. Tratando de no ser demasiado rara, observé a Beth mientras mostraba empatía pero alentaba a las esposas en la organización. Aprendí muchas cosas mientras la observaba guiar a las mujeres a Jesús.

Apoyar a los demás requiere un corazón amoroso. La honestidad y la confianza son vitales. Hay que estar disponibles cuando otros necesitan la fuerza que no tienen cuando están solos.

Conocidos Casuales

Nosotros podemos ser un apoyo para nuestros Conocidos Casuales en tiempos de necesidad. La conexión es soporte informativo.

En el campo de béisbol, los jugadores de cuadro de las esquinas muestran apoyo cuando respaldan las jugadas. La mayoría de las jugadas dependen del individuo, pero deben estar conscientes cuando otro jugador del cuadro o jardinero no puede realizar la jugada y necesita ayuda.

Cubren el territorio foul fuera de las líneas del campo de béisbol, intercambiando mensajes verbales sobre dónde se encuentran y su capacidad para realizar la jugada.

Nos damos cuenta cuando otros luchan si estamos sintonizados y expresamos empatía.

En vez de pasarlo por alto, detente y ofrece una palabra de aliento o una mano amiga. Cuando ves a una persona cargando muchos paquetes, detente y ayúdala. Si una madre parece abrumada con unos niños inquietos, ofrécele una sonrisa y anímala. La empatía es clave.

En el estadio me encuentro con personas que no conozco todos los días, pero puedo apoyarlas de alguna manera. Una sonrisa y una palabra amable pueden demostrar que estamos ahí para ayudarlos.

Por ejemplo, un papá cuyo niño se perdió en el estadio; . el niño no pudo esperar ni un minuto más en la fila para comer porque quería ver la jugada, lo que provocó un estallido de emoción. Podemos señalar hacia dónde corrió el niño y ofrecernos a ocupar el lugar del padre en la fila hasta que recupere al niño.

El abuelo a quien se le cayó su billetera y no la alcanza debajo del asiento, podemos ayudarle a buscarla y devolvérsela con una sonrisa. Pasa el dinero o la tarjeta por la persona en medio de la fila que quiere comprar una salchicha. Comunicar apoyo sin palabras funciona.

Debemos superar los sentimientos incómodos de entrar en un espacio donde no deberíamos estar y no dejar que el juicio o la comparación nos impidan ayudar.

El Círculo Social

En nuestro Círculo Social existen más oportunidades para proveer apoyo en una red conectada emocionalmente.

Los jugadores jardineros están involucrados en jugadas juntos, respaldándose el uno al otro y también a los que juegan en el campo interior en algunas jugadas. Cuando logran jugadas exitosas, los jugadores pueden celebrar colaboración y éxito.

Cuando mis hijos estaban jugando en las Pequeñas Ligas, parecía que necesitaban algo diferente constantemente. Me sorprendí de cuántas madres se ofrecían para ayudar.

A veces el hijo del medio necesitaba ir al baño; otras, el hijo mayor necesitaba reparar su guante, o a veces era el menor que estaba muriéndose de hambre y quería comer en ese mismo instante.

"¿Cómo te puedo ayudar?" preguntó una madre. Otra madre comenzaba a reparar el guante mientras otra sacaba meriendas de su bolso. Pude ir al baño mientras las otras madres llenaban el espacio ayudándome. Nos ayudábamos mucho durante los juegos.

Sentarnos en esas sillas en el campo nos dio la oportunidad de hacer preguntas y explorar la fe en un ambiente divertido y sin presión.

En el estudio bíblico en mi iglesia local, una mujer que estaba sentada a mi lado parecía un poco indecisa de estar en el grupo. Me presenté y le pregunté si era la primera vez que asistía. Ella me afirmó que sí y que también era su primera vez en un estudio bíblico. Yo le escuchaba con un corazón empático y respondí con orientación amorosa.

Yo le aseguré que ella era bienvenida y compartí mi biblia durante la enseñanza. Ella reiteró que estaba avergonzada por no saber tanto como las otras. Yo le dije que eso era normal y que iba a estar orando por ella mientras pasaba por el estudio.

Sé la roca para otros que están luchando, no un obstáculo para que tropiecen. Da una palabra de aliento. Extiende tu mano para levantarlos. Decide estar presente en una conversación, sin lenguaje corporal crítico, reconociendo sus preocupaciones.

Espíritus Afines

Los Espíritus Afines crean conexiones más cercanas para

apoyarse mutuamente. La asociación desempeña un papel decisivo a la hora de soportar el peso de sus necesidades.

Los jugadores del cuadro intermedio están bien establecidos en ayudarse mutuamente sin mucha dificultad. Leen las debilidades del otro y brindan apoyo. Como la pareja para el doble play, su fortaleza radica en la ayuda mutua para respaldarse en las jugadas.

Esta relación es donde comenzamos a establecer nuestro sistema de apoyo. Estamos más disponibles porque pasamos más tiempo juntos y entendemos las necesidades del otro. Nuestra conexión nos proporciona un lugar seguro para dar soporte cuando otros lo necesitan. Sé un instrumento de apoyo.

Priorizamos el tiempo para ellos al estar disponibles, tal vez no en persona pero sí contestando sus llamadas o respondiendo un mensaje de texto. Las visitas pueden que no sean de mucho tiempo, pero ese tiempo es de calidad.

Son el grupo que devuelve el apoyo. Podemos llamar y saber que escucharán. A menudo, tenemos algunos en este grupo a quienes podemos pedir oración.

Sin embargo, con esta conexión, hablamos con guía amorosa pero también damos y recibimos corrección llena de gracia. La bondad y la sabiduría nos guían con palabras de gracia cuando corregimos a nuestros Espíritus Afines y cuando ellos nos corrigen a nosotros.

A través de esta guía, nuestras relaciones creadas sobre la fe cristiana mutua pueden fortalecer y sostener nuestras conexiones.

Cuando alguien necesita un impulso, nosotros celebramos. Reunirse para destacar a una persona, nutre el amor en la relación. Puede que nos reunamos con otros, pero las conexiones con los Espíritus Afines son especiales por la confianza y vulnerabilidad.

En el béisbol, estas conexiones pasan más tiempo con

nosotros que con otros. Las mujeres no son ignoradas; nuestro tiempo es importante. Si no podemos conectar durante el juego, nos reunimos antes para tener un tiempo intencional para conectarnos. Son como la maquinaria que hace que la vida fluya mejor.

Nuestras conversaciones son más vulnerables y transparentes. A veces nos retiramos a un lado para abrir nuestros corazones. Cuando necesitamos tiempo a solas, entendemos las necesidades que tenemos sin pistas verbales.

Mi amiga que había recibido amenazas por las redes sociales me llamó al llegar a casa. "Estoy dejando que el miedo gane, necesito que ores por mí y solo quiero escuchar."

Nuestros esposos habían salido para un viaje después del juego. El equipo de seguridad estaba pendiente y al hombre lo arrestaron. Ellos le prometieron que estaba segura, pero ella necesitaba la seguridad de que Dios estaba con ella y que la iba a proteger.

Oré con ella un rato y ella mantuvo la calma. Le leí las Escrituras y oré las

Escrituras sobre ella. Paralizada por el miedo, al principio no podía funcionar cuando me llamó. Llevé su miedo a los pies de Jesús por medio de la oración y las Escrituras.

Nos entendemos de una forma más profunda por nuestra fe. No teníamos juicio ni comparación que nos separara. Nuestro amor por Cristo nos conectó.

La Familia Por Siempre

El apoyo de la Familia Por Siempre es el siguiente paso en el sistema de apoyo. Les considero detectives dentro del sistema. Están pendientes de la mayoría de las necesidades la mayor parte del tiempo, incluso sin poder comunicarse. Si sienten que algo anda mal sin recibir confirmación, comienzan a indagar para obtener información.

El lanzador y el receptor son la combinación que más

apoya al equipo. Un lanzador lanza la pelota lo mejor que puede y, si se equivoca un poco, el receptor encuadra la atrapada para -con suerte-, engañar al árbitro haciéndole creer que fue un strike.

Si el lanzador no está teniendo su mejor salida, el receptor irá al montículo y lo ayudará a hacer las correcciones. El receptor suele ser el único que se sienta con él en el banquillo del dugout. El sistema de apoyo entre estos dos requiere continuos chequeos sobre las necesidades del otro.

La Familia Por Siempre es la más importante de nuestro sistema de apoyo. Ellos son como las vigas que sostienen el puente. El fundamento de la relación es tan profundo que no hay vacilación, aun cuando hay luchas.

Proveen la fuerza necesaria para sostenerse. Están disponibles para llamadas tarde en las noches. No hay demora en responder. Siempre están chequeando y visitando, incluso sin invitación. No solo disfrutan de la calidad del tiempo, sino que hacen un esfuerzo por la cantidad de tiempo también.

Están presentes y muestran empatía al extremo. Nunca hablan mal a sus espaldas. Tienen conversaciones de corrección amorosas.

Estas relaciones no juzgan al otro porque están demasiado ocupadas riéndose de sus locuras. La Familia Por Siempre no solo ora cuando se les pide. Ellos están orando diariamente.

En cada una de las conexiones a veces ocurren fallos en la comunicación. Intentamos por todos los medios de evitar que esto ocurra dentro de los Espíritus Afines o con la Familia Por Siempre, pero somos humanos y a veces fracasamos.

Le animo a perdonar si alguien le lastima. Perdónese a sí mismo y a ellos. No deje que esto le impida apoyar al otro cuando esté necesitado.

Confiamos nuestras historias unos a otros sin permitir

que nuestros pensamientos preconcebidos creen obstáculos para desarrollar relaciones más profundas. Apóyense unos a otros para que podamos inspirar el crecimiento de las relaciones amorosas.

★ ★ ★

LAS NUEVE CUALIDADES FUNDAMENTALES CUALIDAD #4

Pacificador

Durante la mayor parte de mi vida, tuve relaciones que estaban constantemente en conflicto. No me sentía segura al estar en medio de ese caos. Es desafiante ser el único que busca la armonía cuando a otros les gustan los problemas.

No siempre ayudaba a crear unidad porque siempre estaba a la defensiva con todos aquellos con quienes interactuaba. No tenía paz en mi alma, así que no podía compartir nada más que el caos.

Llevé esta turbulencia hacia mis años adultos. Buscando sentir paz, seguí diferentes caminos para lograrlo. Trabajé mucho, tratando de ganar la batalla en mi mente. Supuse que al pensar en la paz la alcanzaría, pero no era cierto.

Solo cuando comencé a creer en Cristo y abracé la paz interior que Él desea para nosotros, la cual sobrepasa todo entendimiento, fue cuando la paz abundó. Jesús me transformó. Comencé a cambiar mi actitud defensiva a la de alguien que busca y modela la unidad. Pasé de tener malas intenciones a esperar lo bueno. Busqué el amor de Dios y lo perseguí en mis conexiones.

Un pacificador se describe como alguien que trae paz. Ser amante de la paz significa usar el amor de Dios para crear relaciones amorosas incluso en medio del caos.

Todo Menos Paz

Al crecer, no podía contradecir a los que me rodeaban. A esto le seguirían palabras hirientes y comentarios degradantes. Las discusiones se convertirían en amenazas físicas y yo sería la primera en estar dispuesta a pelear.

Luego, como adulta emergente, estuve expuesta a grupos de personas de mente más abierta que discutían opiniones sin llegar a pelearse.

Así como mi amiga que recibió amenazas en las redes sociales, muchos de nosotros descubrimos que compartir algo que ni siquiera pensábamos que podría generar controversia, provoca una avalancha de ataques.

Debemos hacer todo el esfuerzo para buscar lo que trae tranquilidad pero la vida, en cada esquina, parece tener a alguien buscando controversia. Todos tienen opiniones, y a la mayoría no les importa a quién lastiman tratando de demostrar que tienen toda la razón.

La fricción y el desacuerdo comienzan en nuestros corazones. Nosotros decidimos si vamos a iniciar problemas o si vamos a traer unidad a un conflicto.

"¿Has conocido a su novia?" me susurró una mujer mientras señalaba a un jugador fuera del club. "Sí", respondí con dudas, más como una pregunta que como una afirmación. Su tono de voz carecía de sencillez y me advirtió que vendrían unas unas palabras desagradables. Mandé a mis hijos a otro lado para jugar.

Comenzó un discurso negativo tan pronto como salieron

los chicos. "Realmente no la conoces. Parece simpática, pero está fingiendo. Es una verdadera..." Su profanidad me lastimó. Sentí compasión por la mujer de la que hablaba.

Esta novia del jugador era simpática. Siempre mostraba amabilidad hacia mí y mis hijos. Su novio era respetuoso con mi esposo. Realmente no la conocía muy bien. Había estado sentada con ella en la piscina durante los entrenamientos primaverales y habíamos hablado un poco en los restaurantes. Me agradaba.

Le había preguntado por qué no asistía a los juegos. Ella me dijo que trabajaba. Mostró vacilación al dar ese tipo de excusa, pero no había alertas rojas en su actitud. Para mí era muy amable.

Estar en un nuevo equipo trajo un nuevo grupo de mujeres, y tras el discurso airado entendí que este grupo de mujeres iba a ser un reto.

Cuando las mujeres atacan, el carácter de otra contaminan la mente del oyente. La persona de quien hablan no tiene oportunidad para defenderse. Ya las semillas de los pensamientos negativos están plantadas.

Durante las primeras semanas de la temporada hago el intento de reunirme con cada una de las esposas y novias para sondear el ambiente. En este tiempo normalmente comenzamos un estudio bíblico. Las mujeres que se involucran en el estudio típicamente se comportan muy bien, aunque toma tiempo para tener un vistazo real de las personalidades y cómo ministrar mejor al grupo.

La esposa que chismeaba sobre la novia del otro jugador, le comentó a todo el que le rodeaba lo horrible que era esa novia. Las cosas dichas fueron exageradas en beneficio de la esposa y a expensas de la novia. Me quebró el corazón escuchar palabras tan despectivas. Yo había recibido ese tipo de chismes y críticas de personas cercanas y no tan cercanas. También he estado en la posición de chismosa tratando de elevar mi estatus y menospreciar a otros. Doy gracias a Dios por haberme cambiado y enseñado a ser una pacificadora, no una ladrona de gloria.

Conflicto y Oportunidad

Un ladrón de gloria roba todo el gozo y el honor de la gente. Cuando comparo la gloria de Jesús con mi vida, me desvío de pensamientos impuros y de palabras malas y comienzo a hacer lo bueno, dándole toda la gloria a Él.

La novia que estaba bajo ataque decidió no sentarse en la sección familiar. Nunca entró a la sala de estar de las familias. Se sentó en una sección retirada y esperaba en su carro después del juego, lo que no le dio muchas oportunidades para conectarse.

La busqué mucho y comencé a conocerla por quien era, no por las palabras que me habían compartido. Nunca comenté sobre la condenación de la otra mujer, pero traté de incluirla en el grupo. Ella se negó una y otra vez.

Esta relación conflictiva ha estado desarrollándose durante muchos años. Quería responder en contra de la esposa que había denigrado a la novia, pero sabía que eso tampoco ayudaría. Sería unirme al pleito.

Parecía que no había forma de defender a la chica bajo ataque. Retirarse se sentía como la mejor solución. Luchar o huir, ¿verdad? La novia creía que no podía luchar contra la esposa para defenderse, así que la evitaba. Yo me sentía igual.

Sabía que tampoco era la forma correcta de lidiar con esta situación. Cuando el chisme ocioso vuela, tenemos una sola decisión para rectificar y sanar, y es ser el pacificador.

El conflicto es una oportunidad para glorificar a Dios. Mientras maduramos para ser como Cristo, podemos superar la destrucción de relaciones y comenzar a edificarlas en amor.

En vez de responder, unirnos o retirarnos, podemos trabajar intencionalmente para traer paz. Debemos procurar la restauración completa y animar a los demás a la unidad. Sin embargo, no siempre es la realidad y nunca es fácil.

He aprendido que no todas las relaciones pueden continuar o ser sanadas. No podemos controlar los deseos de otros de causar conflictos. Con frecuencia he tenido que limitar el contacto o declinar peticiones. A veces la única forma para lograr la tranquilidad es romper las conexiones.

Algunas relaciones necesitan límites estrictos o ser soltadas por completo. Nunca queremos dejar de amar a los demás, pero debemos entender lo que funciona y lo que no funciona. Aislarnos de todos no es la forma saludable.

No pude detener el ataque verbal de la mujer a la otra, pero pude dar el ejemplo a las otras chicas de cómo construir relaciones amorosas.

Oré por la unidad entre el grupo extendido de mujeres. Estuve pendiente por turbulencias e intenté redirigir las conversaciones hacia la verdad. Me negué a entrar en conversaciones críticas de las otras.

Ser la pacificadora no siempre era aceptable para las mujeres, pero perseveré en lo incómodo.

Cuando había un poco de turbulencia, respondía con amor en lugar de tomar represalias o retirarme. Decidí traer paz en vez del caos.

Para los Conocidos Casuales somos agentes de paz cuando practicamos la moderación. Los Círculos Sociales crecen cuando el conflicto se resuelve con rapidez. Los Espíritus Afines son portadores de la paz el uno por el otro. Y la Familia Por Siempre se aprecia mutuamente porque valoran la paz que encuentran dentro de las relaciones.

Mientras aprendemos a ser pacificadores, encontramos más armonía en nuestras vidas y relaciones. Podemos traer paz a cada conexión.

Preparándonos para el Viaje Largo

"Apártese del mal, y haga el bien; Busque la paz, y sígala."

1 Pedro 3:11 RVR 1960

Pedro nos aconseja que nos apartemos del mal y que hagamos el bien. La iglesia tiene muchas personas que se caracterizan por actitudes y acciones vergonzosas, dañando las relaciones con Dios y con los demás.

Cuando Pedro escribió a ellos, se refería a nosotros. Nos insta a apartarnos del mal y hacer el bien. No siempre pensamos que lo que hacemos es malo, pero si no honramos a Dios no es bueno.

Las personas pecan, pero nosotros como creyentes necesitamos traer calma a cada relación. La paz se produce al superar la maldad y pedirle a Dios que traiga paz a todos.

Jesús nos dice que los demás sabrán que somos sus discípulos por la forma en que nos amamos mutuamente. Pedro repite este mandato en el versículo 8, junto con la necesidad de ser empáticos y compasivos.

La paz es la traducción del hebreo "Shalom", un saludo normal entre los judíos. La palabra "Shalom" no significa la ausencia de luchas o preocupaciones; se refiere a un sentido profundo de plenitud y también se traduce como bienestar. "Shalom" se usa para describir una paz interior personal y duradera.

La paz a la que Jesús se refiere es la calma interior en el corazón a pesar de los problemas. No depende de las circunstancias ni elimina las preocupaciones o ansiedades, pero da la habilidad para soportar con gran confianza sabiendo que Dios nos acompañará.

La instrucción bíblica es estar quietos y confiados en

tiempos de problemas porque Dios está con nosotros. Ser un pacificador significa usar el amor de Dios para crear relaciones amorosas.

Cuando buscamos la paz, estamos buscando a Dios en cada situación. Estamos intentando encontrar el amor con un deseo de obtenerlo. La palabra "buscar" nos dice que tratar de encontrarla será desafiante. La perseguimos continuamente.

"Síguela" es un verbo activo que significa seguir y tratar de alcanzar. Es un impulso para intentar constante y activamente encontrar la paz. Puede que sea un viaje largo, pero debemos continuar.

Perseguir la Paz

Demasiadas veces pensamos que la paz es la ausencia de conflicto. Muchos ven el hacer la paz como un rol pasivo. Para ser eficaces en esto debemos buscar la armonía. Producto de nuestro compromiso en construir buenas relaciones, el pacificador anticipa los problemas y trata con ellos antes de que ocurran; por lo tanto, ser pacificador es un proceso.

Los pacificadores mantienen la armonía asegurándose de que las cosas se mantengan en orden. Un pacificador hace que las cosas fluyan al perseguir la libertad de conflictos entre las personas. Ellos trabajan con la esperanza de mantener la paz.

Podemos alcanzar la unidad no solo para agradar o complacer. Podemos emular la tranquilidad en el conflicto y usar las respuestas para guiarnos hacia la verdad con una actitud de amor.

No podemos ser pacificadores sin hacer primero una conexión con Dios. Debemos arrepentirnos de nuestros errores y alejarnos del mal. El fundamento está en confiar en Dios y en sus planes para nuestras vidas, y no depender de nuestra propia prudencia.

Cuando nos insultan o nos lastiman debemos ser de bendición para que heredemos una bendición. Dios nos bendice con cada don espiritual. "Bendecido" va más allá de la felicidad. Implica un estado deseado para los creyentes. Como cristianos, "bendecido" significa una experiencia de esperanza y de gozo en cualquier situación.

Para acceder a estas bendiciones, debemos alejarnos del mal y hacer el bien. Somos hijos de Dios. Él nos manda no solo a buscar la paz sino a perseguirla.

Perseguir al Príncipe de Paz

En Isaías, a Jesús le llaman el Príncipe de Paz. Él es la Única Razón por la que podemos vivir nuestra vida con Dios. Vivir en armonía con todas las criaturas de Dios es estar en una relación correcta con Él. Él restaura relaciones rotas. Con el amor de Dios, podemos ver el cielo aquí en la tierra en nuestras relaciones.

Los discípulos vieron a Jesús cara a cara y se les olvidó lo que l enseñaba. En Juan, Jesús les prometió a los discípulos que el Espíritu Santo les iba a ayudar a recordar lo que él les había enseñado y esta promesa, ayudaría a los discípulos a recordar sin quitarles la perspectiva. Tenemos acceso a este potencial.

El Espíritu Santo nos ayuda a confiar en que Dios va a plantar la Verdad en nuestras mentes, convenciéndonos de Su Poder. La obra del Espíritu Santo en nuestras vidas resulta en paz profunda y duradera. Es la seguridad de que no debemos temer ninguna lucha. La paz de Dios se mueve en nuestros corazones y vidas para ofrecer consuelo donde hay conflicto.

El apóstol Pablo era un gran pacificador. Por mucho tiempo él perseguía a los creyentes. Con órdenes de arresto, Pablo viajaba unas 150 millas desde Jerusalén a Damasco para perseguir a los cristianos judíos.

En ese camino, fue detenido por un deslumbrante destello de luz y una voz celestial. Era Jesús. No el hombre problemático que ya estaba muerto, como Saulo creía que era, sino el Señor resucitado. Su encuentro con Jesús transformó a Pablo. El cambio de vida de Pablo fue para siempre.

Pablo se humilló y aprendió a no tomar represalias, unirse o retirarse. Él confrontó el conflicto con la verdad. Se mantuvo firme en sus creencias, continuó compartiendo las enseñanzas de Jesús, incluso estando en la cárcel.

Él llegó a ser uno de los líderes más influyentes en la iglesia primitiva. Él continúa enseñando a través de los libros de la Biblia. Él escribió al menos trece libros del Nuevo Testamento.

Mientras se sentaba en una cárcel romana, no sabía si lo iban a soltar o matar. Tenía muchas razones por las cuales estar ansioso, defensivo o enojado. Él eligió la paz.

Pablo escribe la palabra paz más de cincuenta veces en las Escrituras. Él nos anima a tener mentes espirituales que traen vida y paz. Nos brindó una excelente guía al someterse al Señor en cada situación y con cada persona que encontraba. Se mantuvo enfocado en Jesús y el evangelio.

Entregarnos a Dios en nuestras relaciones nos ayuda a mantener la calma, lo cual es muy necesario. Cristo es la razón por la que podemos vivir en armonía. Jesús trajo las Buenas Nuevas a todos.

Jesús provee unidad con Dios, con nuestras familias y con otros con quienes estamos en contacto diariamente. Podemos ser pacificadores cuando buscamos y perseguimos al Príncipe de Paz.

La paz eterna de Jesús no tiene fin. Sin el amor de Dios dentro de nosotros, no podemos vivir en paz con los demás. Pide al Señor que te llene con su paz antes de entrar en cualquier relación.

Con Jesús, todas nuestras conexiones están basadas en la paz eterna que recibimos de Él. Cuando luchamos cada día por la paz nuestros Conocidos Casuales lo ven, aunque no lo entiendan. El Círculo Social cede para mantener la armonía dentro de un grupo. Nuestra Familia Pora Siempre es nuestro lugar de tranquilidad, compartiendo la paz de Jesús.

Llegar a Ser Pacificador

Mientras construimos las nueve cualidades fundamentales de la relación amorosa, encontramos que algunas cualidades son más fáciles que otras. Ser pacificador requiere esfuerzo, pero vale la pena.

Huir del conflicto es una respuesta natural para algunos; otros pueden levantarse y luchar hasta el amargo final. Quiero que aprendamos a ponernos firmes, apartarnos del mal, buscar la paz en nuestras relaciones, y cultivar un espíritu afable.

Los pacificadores traen la paz de Dios a las relaciones. Dejemos que la paz reine en nuestros corazones al decidir ser exploradores activos y cazadores de buena voluntad. Continuamente cultiva un espíritu gentil de amor. Sé paciente con todos y continúa perdonando a los otros y a ti mismo a lo largo del camino. El crecimiento continuo en nuestra conexión con el Señor y el perdón cultiva relaciones amorosas.

Los pasos para ser un pacificador en todas las relaciones son: detener los conflictos antes de que surjan, pensar en formas de promover la armonía, establecer límites y responder con amor. Cultiva un espíritu gentil. Observa estos pasos con cada una de las cuatro relaciones.

Conocidos Casuales

Con los Conocidos Casuales somos responsables de traer la tranquilidad, no turbulencia.

En el béisbol, los jugadores de la primera y tercera base

trabajan de forma independiente. Sin embargo, cuando ocurre una jugada dentro del cuadro, los jugadores del cuadro, los lanzadores y el receptor podrían tener el potencial para realizar una jugada. Un elevado al cuadro, un toque o un roletazo pueden ponerlos en acción. Debería ser posible leer los movimientos de los otros jugadores pero no siempre es así. El conflicto surge cuando los jugadores no confían en la habilidad del otro; chocan o nadie ejecuta la jugada.

Encontrar temas de conversación que no causen conflicto con un Conocido Casual, impide que mucha gente se conecte. Hay muchos temas que llevan a los extraños a una discusión. Abra las redes sociales y verá que el noventa y nueve por ciento de los temas puede causar una discusión.

Al comenzar conversaciones, yo uso la regla del porcentaje: encontrar el uno por ciento de las cosas en las que estamos de acuerdo e ignorar el otro noventa y nueve por ciento de cosas polémicas. Abrazar la regla del porcentaje de las cosas en las que se está de acuerdo promueve la paz. Deja el noventa y nueve y concéntrate en el uno por ciento para evitar conflictos.

Buscar y perseguir la paz con estas conexiones es mantener la habilidad para pensar en los temas que traen paz. Cuando surgen disputas, debemos poner límites. En este nivel de conexión siempre hay que responder con amor, pero a veces alejarse es la única solución.

Otra conexión en este nivel son los contactos por las redes. Nuestras habilidades pacificadoras deben estar a la vanguardia con las redes sociales y otras aplicaciones que nos ponen en contacto con personas que no conocemos bien o que nunca hemos conocido.

El internet puede ser tóxico, pero debemos ser las personas humildes y estabilizadoras que la gente ve. Recuerda, las cuentas de las redes sociales son personas reales que han sido lastimadas y que están cubriendo sus heridas con filtros.

Ora por otros cuando veas publicaciones argumentativas o poco razonables. Muestra autocontrol al responder. ¿Cómo puede ser Dios glorificado en esta situación? Si no se puede, entonces quédate en silencio.

Mantente alejado de las opiniones que pueden escalar la negatividad. Corregir a otros no siempre es una buena forma de disminuir los ataques. La respuesta amable puede desarmarlos.

El Círculo Social

En el Círculo Social se requiere más trabajo para mantener la paz. Los jardineros evitan que surjan conflictos trabajando de forma independiente y siendo el respaldo de las jugadas mientras es necesario. Cuando hacen jugadas juntos, trabajan para ayudar al otro jugador, creando límites al comunicarse si el momento lo requiere. .

Los encuentros dentro de los Círculos Sociales indican que estamos más en contacto que con los Conocidos Casuales. Ora por paz antes de entrar en una sala o una relación.

En cualquier grupo nos encontramos con personas que son molestas o fastidian demasiado. En nuestro Círculo Social a veces nos encontramos con ellas con frecuencia y pueden hacernos explotar en frustración. Cuando hemos orado por paz, podemos responder con amor en lugar de enojo.

Si observamos que surgen estos asuntos, debemos reconocer el problema y lidiar con los conflictos lo antes posible. Debido a que la conexión es más estrecha, todas las disputas deben ser traídas a la luz y resolverse antes de que lleguen a ser inmanejables.

El resentimiento profundo usualmente no existe en este grupo, pero puede ser la raíz de problemas e irritaciones en el futuro. Cuando no enfrentamos las circunstancias incómodas, la amargura puede apoderarse de nosotros.

Tomar el control sobre cualquier autodefensa y controlar la

lengua, es más fácil con este grupo debido a nuestra breve historia con ellos. Pero para crear la paz, debemos regularizar nuestras acciones y responder pacíficamente.

Trae la paz prestando atención a la conversación, redirigiendo cuando sea necesario o encontrando al menos el uno por ciento para conversar. Da pasos pequeños para entrar en otros temas del otro porcentaje, siempre pendiente de los conflictos.

Podemos encontrar maneras físicas de traer la paz. Por ejemplo, la comida lleva alegría a muchos grupos. Yo creo que ésta debe ser añadida como uno de los lenguajes de amor y un unificador. También se puede usar como una ofrenda de paz. Compartir la comida y las recetas puede llevar las conversaciones hacia temas más calmados.

Los Espíritus Afines

Los Espíritus Afines tienen una conexión más cercana y la pacificación es esencial para este grupo.

El jugador de segunda base y el campocorto no pueden trabajar de manera fácil mientras están en conflicto. Si el ego o las expectativas no realistas se ponen en el camino, esto afecta su potencial para lograr los doble plays. Deben mantener la armonía para ser eficaces.

Nuestras conexiones con los Espíritus Afines dependen de la paz traída a la relación. Ambas personas deben orar por la paz en la relación pero muchas veces uno ora mucho más a menudo que el otro. El que no ha estado orando, entra en posición cuando es necesario. Toman turnos para traer la paz.

Ellos reconocen los desacuerdos cuando surgen. En una conexión saludable, confrontan el problema antes de que salga de control. Cuando no lo hacen, las diferencias pueden romper su vínculo. En un estado saludable, ambos contribuyen a la paz y si uno no lo hace, el otro puede traer equilibrio.

La diferencia más significativa entre el Círculo Social y los

Espíritus Afines, es que cuando surge un problema estos últimos se mueven hacia la reconciliación y evitan estancarse en el resentimiento. Los Espíritus Afines traen conflictos por resolver a la mesa y hablan desde el corazón. Aplican límites sobre las cosas que causan conflictos.

La Familia Por Siempre

El conflicto a menudo se dirige hacia los demás porque ellos se respaldan entre sí.

La Familia Por Siempre adopta la postura de Espíritus Afínes pero lo lleva más allá.

En la profunda conexión entre el lanzador y el receptor, están demasiado ocupados trabajando para el mejoramiento mutuo y de todo el equipo como para querer crear confusión. En nuestras relaciones, esta conexión profunda busca intencionalmente y persigue la paz en las relaciones. La Familia Por Siempre se apoya en situaciones desafiantes, dándose cuenta de los problemas tan pronto surgen. El resentimiento no está en sus corazones, así que la reconciliación ocurre temprano en circunstancias incómodas.

El autocontrol con nuestra Familia Por Siempre no es para evitar temas incómodos, sino para asegurarnos de que no estamos hiriendo a alguien con palabras dañinas. La regla del porcentaje se distorsiona en estas conexiones. A veces entramos en temas más polémicos incluso cuando no estamos de acuerdo.

Oramos por la paz y bondad de Dios el uno por el otro. Usualmente podemos discutir temas más desafiantes sin tomar las cosas personalmente o ser lastimados.

Ser argumentativo nunca es beneficioso para la relación. Los argumentos causan división. La Familia Por Siempre evita muchas cosas que causan la separación.

Las actitudes interiores se comunican de una manera no confrontacional. No causamos enojo al otro, asegurándonos de introducir los asuntos con amor. Si hay algo incorrecto que el otro está haciendo o que está en contra de las creencias, podemos introducirlo para ayudar, no para lastimar.

En el Equipo

Dios trajo la paz cuando Jesús murió en la cruz. Su Espíritu Santo vive dentro de nosotros llevando esa paz con nosotros en cada circunstancia. Dependemos de Él para traer la paz a nuestras relaciones.

Jesús está buscando la estrella del equipo de pacificadores. Alguien que muestra autocontrol al responder a la turbulencia. Alguien que piensa en la Palabra de Dios cuando confronta los asuntos y muestra afecto a las personas que no son fáciles de amar. Él busca las personas responsables de traer la paz en nuestras conexiones con otros.

Prepárese para el largo viaje en estos diferentes contactos. No será fácil cuando hayan heridas profundas o palabras hirientes. Amarnos unos a otros antes de recibir amor a cambio,prepara nuestras relaciones para el crecimiento.

Podemos hacer la paz con otros que son difíciles. Muchas personas han sufrido tanto dolor que están perpetuamente a la defensiva. Nuestra habilidad para mantenernos calmados y sin confrontación, nos ayuda a llevarles la paz.

Cuando traemos la solidaridad a cada relación, podemos ser quienes Dios desea que seamos. Continua brindando shalom.

Busquen y persigan la paz en toda circunstancia. A medida que aprendemos a ver los problemas, podemos evitar las cosas que los causan. Entonces sabremos cómo callarnos en asuntos que no necesitan ser mencionados y llevar la conversación en una dirección diferente. Evita hablar demasiado porque no hay ningún beneficio en decir demasiado a otro.

Crea límites con los que no pueden devolver el amor dado. Toma el primer paso para asegurar que las personas a tu alrededor sepan de qué vas a hablar y de qué no. Determina qué temas se evitarán y qué cuestiones son discutibles. Nombrar esas cuestiones ayuda a mantener una precaución sobre las cosas que pueden causar división.

Cuando te lastimen, primero llévaselo a Dios. Luego pídele a la persona que se reúna en un lugar neutral para compartir tu dolor, no para culpar sino para compartir y hacerle saber cómo te sentiste cuando actuó de la manera que lo hizo. Prepárate para reconciliarte.

Si las personas necesitan ayuda en sus relaciones, podemos ayudar a acercarlos. Ayudar a los demás a reunirse con Cristo es el primer paso.

Cuando se necesite el perdón en una relación, perdona y anima a que otros también perdonen. Perdonar a los que nos han herido y pedirles perdón a los que hemos herido es una forma de reconectarnos.

Mientras buscamos ser humildes, elegimos evitar discusiones tontas. Sé amable con todos, brindando integridad y amor. Apreciemos la paz donde la encontramos y donde la llevamos. Los pacificadores traen gloria a Dios en sus relaciones fomentando la paz.

Somos los precursores de llevar la paz a las relaciones. Comienza con oración. Piensa en dónde puedes ofrecer calma y amor. Crea un equipo de pacificadores.

★ ★ ★

LAS NUEVE CUALIDADES FUNDAMENTALES #5

Alentador

Alentar significa poner valor en el espíritu de alguien. El coraje tiene sus orígenes en el francés "corage", que significa "corazón" como asiento de las emociones, el espíritu, el temperamento o el estado de ánimo. Además, el latín "cor" significa corazón. Merriam-Webster define alentar como "inspirar con coraje, espíritu o esperanza" y "estimular [a uno]". Al animar a los demás, les estamos infundiendo valor. No hablamos con amabilidad falsa, sino con palabras arraigadas en Dios, palabras valientes que llegan directamente al corazón. Al alentar, estamos construyendo activamente la valentía del otro y motivándolos en amor y bondad. Hemos sido creados como seres relacionales, diseñados para interactuar y elevarnos mutuamente.

Hay gente desanimada a nuestro alrededor, a veces incluso somos nosotros mismos. Nos sentimos privados o agotados de coraje y confianza. Nuestros corazones se sienten vacíos.

Nos preguntamos si encontraremos el camino de regreso a la comunidad o a una vida de alegría.

La desesperación y la angustia han sido y siempre serán parte del mundo. Dios quiere llenarnos con el Espíritu Santo para guiarnos y proporcionar la esperanza que necesitamos en Él. Podemos encontrar la fuerza y la valentía en Jesús.

La verdadera comunidad no quita vida, sino que la enriquece. A medida que nos encontramos con diferentes personas a diario, quisiera que aprendamos a afirmar a otros, dándoles fuerzas para permanecer firmes con confianza. Hablar la verdad sanadora sobre las heridas de los demás, cultiva un ambiente seguro. Seamos una presencia que da vida. Debemos bajar la guardia y animarnos sin reservas.

Un Estímulo Necesario

En un punto bajo de mi vida apareció una esposa comprensiva que me ayudó a dar el siguiente paso, sin saber cuánto había sufrido y lo que estaba experimentando.

David y yo estábamos tocando fondo en nuestro matrimonio, pero nos habíamos comprometido a seguir luchando por nuestra relación. Había perdido la esperanza de que pudiéramos reparar la conexión rota. Me sentía sola y triste, y no quería que nadie se diera cuenta.

En el estadio, durante el entrenamiento primaveral, nuestros hijos estaban en el campo con David mientras yo me sentaba en un banco fuera del campo. Una esposa se acercó a mí.

Comenzamos a conversar sobre la temporada baja y cuánto habían crecido los niños. Ella compartió sobre su trabajo y su deseo de tener hijos, pero no estaba segura de que sucediera. Yo le conté cómo manejaba el ser enfermera cuando los hijos eran más chicos y que había elegido quedarme en casa. Ella entendía las demandas de la vida relacionada con el béisbol y la realidad de tener esposos no disponibles durante el verano.

Me habló sobre un estudio bíblico que estaba liderando en una iglesia local. Lo programaron para los días en que los hombres podían estar con los hijos antes de ir al estadio. Ella ni siquiera me preguntó sobre mi denominación o mi fe. Simplemente me invitó.

Al principio, dudé. Pensé que no me invitaría si realmente supiera cuán deshecha estaba. Pero ella insistió, diciendo que disfrutaría compartir con otras esposas del béisbol. "Yo te recojo, podemos ir juntas," me invitó entusiasmada. "Me gustaría conocerte mejor." Sin esperar mi respuesta, se puso de pie. "Bueno, eso es todo. Nos vemos el martes por la mañana frente al hotel."

Su invitación fue el estímulo que necesitaba. No tenía el valor suficiente, pero ella me dio esperanza. Alguien quería conocerme mejor y se esforzó por incluirme.

Nunca olvidé ese gesto de amor y aliento. He intentado emular ese ministerio de aliento. Su habilidad para estar presente conmigo me dio confianza y transformó mi desesperación en esperanza.

Una Porra de Ánimo

Una multitud bulliciosa en un estadio puede cambiar el impulso de los juegos. Cuando la gente se anima con gritos y aplausos, puede ser el impulso que el equipo necesita para tomar la delantera.

Yo fui animadora en mi tiempo de escuela. Era muy buena porque era muy ruidosa y no tenía vergüenza de gritar y animar a la multitud para el juego.

Los eventos de animación eran mis favoritos. Toda la escuela entraba al estadio o al gimnasio. Identificaba a aquellos estudiantes que querían ayudar con los vítores y los gritos.

Algunas chicas y yo nos acercábamos a los estudiantes más callados de las gradas que no o estaban animados para participar en el asamblea de ánimo, pero cuando iniciábamos una porra frente a ellos y agitábamos vigorosamente nuestros pompones rogándoles que respondieran, empezaban con una ligera sonrisa y luego se unían.

En mi tiempo en la escuela hice conexiones con muchos estudiantes que no encajaban con las porristas o los atletas, pero se hicieron parte del equipo al responder con entusiasmo al llamado.

He dirigido porras en las gradas del estadio durante los juegos de béisbol. Los playoffs son el mejor lugar para animarse y chocar palmas con todos cuando las grandes jugadas suceden o después de una victoria. ¡El ambiente es eléctrico!

Mi vida ha sido la de ser porrista para otros. Me encanta infundir amor, esperanza y gozo en las vidas y sacar lo mejor de ellos para que brillen. O cuando alguien está luchando contra el dolor, estar ahí para animarles y mostrarles esperanza.

No siempre fui tan atrevida sin mis pompones. Mi confianza vino con mi fe creciente. Después de haber sido invitada al estudio bíblico, llegué a tener más curiosidad por Jesús.

A medida que mi fe crecía, también maduraba. El Espíritu Santo me llenaba de valentía. Adquirí más confianza para conectarme con los demás y animarlos; el amor se derramaba.

A veces no tenía ganas de animar a otros porque temía su respuesta o no me sentía capacitada. Enfocarme en Dios me ayudó a superar el temor al rechazo y la incapacidad para conectar.

Un año observé a una joven sentada sola sin hablar con nadie. En ese momento, no estaba segura si era hermana, esposa o novia de uno de los jugadores.

Cuando finalmente me presenté, ella estaba ansiosa por hablar. Escuché que ella y su nuevo esposo se habían conocido en noviembre y se casaron en febrero antes de venir al entrenamiento primaveral. No estaba segura de cómo enfrentar el nuevo y extraño estilo de vida que encontró.

A lo largo de los años he ofrecido estudios bíblicos para las chicas sin importar el equipo. La invité a unirse a nosotros en una mesa de picnic en el jardín. Nada especial, solo un grupo de chicas con sus Biblias. Ella no tenía Biblia así que le ofrecí llevarle una.

Me encantó verla conectarse con Jesús en cada uno de los estudios. Me convertí en su animadora, y las otras chicas la recibieron con brazos abiertos y le enseñaron cómo desenvolverse en la vida del béisbol.

Nuestras palabras de aliento son poder vivificante. Sin embargo, todos conocemos personas que solo comparten palabras agotadoras.

Animar a los demás cuando no están ahí para ayudarte puede resultar incómodo (Animar a aquellos que no han estado ahí para nosotros cuando les hemos necesitado, resulta molesto) pero se vuelve más natural a medida que usamos el poder sanador de Dios para nuestros corazones y almas.

Animar a los demás les inspira a ser mejores que antes. Los levantan emocional, física y espiritualmente. Son audaces y aprovechan la oportunidad para ayudar a otros a superar obstáculos.

Los Conocidos Casuales se alientan con una sonrisa. Los Círculos Sociales se animan con palabras amables. Los Espíritus Afines se inspiran a servirse mutuamente cuando no se espera, y la Familia Por Siempre se motiva mutuamente incluso en la tranquilidad.

Inspiramos curiosidad en otros cuando introducimos coraje para superar el miedo, la pérdida o el enojo. Con coraje se construye confianza, y en respuesta, se sienten inspirados y motivados para fortalecer a otros.

La Edificación

"Por lo cual, consolaos los unos a los otros, y edificaos los unos a los otros, así como lo hacéis."

1 Tesalonicenses 5:11 RVA

Pablo nos instruye a alentarnos y edificarnos unos a otros. Luego nos insta a seguir creyendo que estamos animando a otros en medio de sus enseñanzas.

Él sabía que Dios no solo recomienda el aliento sino que lo ordena, lo impone, sabiendo que necesitamos el estímulo de los demás.

Dios nos dice que tendremos problemas en este mundo, pero Él ya los superó. Nuestro mundo está roto y puede dar espacio a la desesperación y el desánimo. La gente está sufriendo. No es nuestro trabajo juzgar si deberían tener el corazón roto. Se nos instruye a animarnos y edificarnos unos a otros.

Las palabras que decimos pueden dar o quitar aliento. Santiago compara el daño que puede causar la lengua con un fuego furioso. Una lengua descontrolada puede provocar un dolor terrible. Unas pocas palabras dichas con ira pueden destruir una relación que lleva años construir o inhibir el inicio de una conexión.

Antes de hablar, recordemos que no podemos revertir el daño que pueden causar las palabras duras, pero podemos generar conexiones con palabras inspiradoras.

La Biblia nos brinda muchos pasajes bíblicos para animarnos unos a otros. Instruirnos a no permitir que se pronuncien palabras dañinas, es sólo lo que eleva a otros. Reunirnos nos ayuda a estimularnosen el amor y las buenas obras y nos anima unos a otros con la Palabra de Dios.

Estas verdades teológicas no sólo son conocimiento personal, sino una educación colectiva. Las Escrituras están llenas de versículos de la Biblia de esperanza e inspiración. Dios quiere consolarnos e inspirar a otros en nuestra respuesta a su amor.

Alentar es el poder sanador de Dios sobre nuestros corazones, mientras ganamos acceso a la sanación y las palabras amorosas de Jesús. El ánimo fomenta relaciones afectuosas.

Una palabra alentadora ofrecida en el momento adecuado, puede hacer la diferencia entre conectarse con alguien o no.

El amor es indispensable. No importa qué palabras usemos; sin amor, esas palabras no son nada más que un ruido. Las palabras amorosas se usan para el bienestar del otro.

En 1 Corintios 13 encontramos nueve maneras de edificarnos los unos a los otros. Escuchamos este pasaje en muchas bodas, pero estos dones espirituales pueden ser usados con cualquier conexión.

El amor es paciente y benigno, no tiene envidia ni se jacta, y no es orgulloso. No deshonra y no es egoísta, no se enoja fácilmente y no guarda registro del mal. El amor no se deleita en la maldad sino que se regocija en la verdad. Siempre protege, confía, espera y persevera. El amor nunca falla.

El amor que protege, confía, espera y persevera, y nos permite dar amor a otros libremente. Dejar atrás nuestras intenciones egoístas y esforzarnos por animar y edificar a los demás, nos permite mostrar amor sin esperar nada a cambio.

Mientras más amamos como Cristo y compartimos Su Palabra, más nuestro espíritu alentador guiará a otros hacia Él.

Después de la muerte de Moisés, Josué fue nombrado líder de Israel. Como Josué fue asistente de Moisés durante muchos años, estaba bien preparado. La nueva tarea de Josué era guiar a dos millones de israelitas a una tierra extranjera y conquistarla.

Dios prometió a Josué que cumpliría las promesas que le hizo a Moisés. Dios le dijo a Josué que estaría con él. Luego, en los siguientes versículos, Dios le dijo que fuera fuerte y valiente.

Las promesas de Dios cambian vidas. Nos permiten inspirar y motivar a otros. Podemos edificar a otros cuando sabemos que Dios está con nosotros y que debemos ser fuertes y valientes.

Al centrarnos en Jesús, podemos quitar la vista de nosotros mismos y derramarnos en las vidas de otros. Al meditar en las Escrituras, somos motivados a amar a los demás como queremos ser amados.

El autor de Hebreos nos dice que nos animemos unos a otros cada día. Mientras sea hoy, debemos expresarlo con amor y preocupación.

Había un hombre llamado José que era tan alentador que se ganó el nombre de "Hijo de Consolación" o "Bernabé". Se sentía atraído por las personas a las que podía animar. A través de sus acciones de ayuda hacia los cristianos, atraía a los incrédulos hacia él.

Pablo llegó a Jerusalén después de su conversión en el camino a Damasco. Los cristianos locales estaban aterrorizados por su presencia debido a su reputación de atacar y perseguirlos.

Bernabé arriesgó su vida para reunirse con Pablo. Pudo discernir la honestidad de Pablo y le dijo a los demás que su enemigo anterior ya era seguidor de Cristo.

La persecución de los cristianos había esparcido a los creyentes y el evangelio les acompañó. La iglesia envió a Bernabé a investigar lo que pasaba en Antioquía. Estaba complacido con lo que encontró. Cuando regresó a Tarsus, le pidió a Pablo que regresara con él.

Luego, Bernabé inspiró a Marcos a ir con él y Pablo a Antioquía. Marcos había cometido errores pero necesitaba tiempo y apoyo. Estaba ansioso por hacer lo correcto pero luchaba por completar las tareas.

Marcos se unió a Pablo y a Bernabé en su primer viaje misionero. En su segundo viaje, Marcos regresó a Jerusalén. Pablo encontró el comportamiento de Marcos inaceptable, así que negó la petición de Bernabé de llevar a Marcos con ellos de nuevo. Los compañeros se fueron en diferentes direcciones, Pablo con Silas y Bernabé con Marcos.

La separación duplicó los esfuerzos misioneros. Bernabé fue paciente con Marcos, invirtiendo en él como hombre de Dios. Su afirmación dio ánimo al ministerio de Marcos.

Rara vez hay una situación en la que no haya alguien a quien edificar con el amor de Cristo. A menudo, caemos en la crítica basada en suposiciones y señalamos las deficiencias de una persona.

Bernabé nos muestra que ser alentador es una de las formas más eficaces para ayudar a los demás. Su obediencia a Dios y su bondad con otros fueron de impacto. Era un hombre bueno, lleno del Espíritu Santo. Su suave inspiración atrajo a muchos al Señor.

Bernabé mostró paciencia con Marcos y otros lo notaron. Cuando somos celosos de otros, no podemos ver los dones que han recibido y celebrar con ellos. A menudo confundimos nuestra necesidad de animar a otros con la necesidad de ser animados.

Cuando creemos completamente que el Señor está con nosotros y somos fuertes y valientes, podemos inspirar y motivar a otros a ser iguales. Las Palabras de las Escrituras llenas de gracia, elevan las vidas espirituales de los demás. Cuando proporcionamos ánimo de manera práctica, esto eleva los corazones de nuestras conexiones.

Debemos buscar activamente personas que necesitan ser infundidas de valentía. Con el Conocido Casual que pareciera estar luchando, comparte un cumplido, sé específico.

¿Hay alguien en nuestro Círculo Social que necesita oración? Ora allí mismo. Manda cartas de aprecio a un Espíritu Afín cuando te anima. Nuestra Familia Por Siempre representa aquellas conexiones a las que debemos agradecer por todo lo que hacen por nosotros.

Quiero desafiarte a que te aferres a las promesas de Dios en tu vida y te unas al equipo de alentadores.

El Equipo de Alentadores

Creo en ti. Tú eres un alentador. Abrazar todas las cualidades fundamentales se puede lograr y está dentro de tu alcance. El ánimo auténtico nos atrae a relaciones afectuosas y gozosas con los demás. Animarnos unos a otros edifica un nuevo estilo de comunidad.

Cultivar un equipo de alentadores comienza con uno: tú, yo, solo uno. No hay una receta para animar a los demás, pero podemos comenzar con derramar el amor de Cristo. Hazlo una disciplina, orando para que el Señor ponga una persona frente a ti que necesita un poco de ánimo hoy.

¿Es el animar a los demás algo bueno pero pequeño en significado? Recibir una palabra de aliento significa el mundo para mí. Piensa en alguien que te ha hecho sentir que puedes lograr cualquier cosa.

¿Sus palabras de aliento y vida significan poco para ti? ¿Cuáles son las características de esa persona que te gustaría copiar? Así es como Dios quiere que seamos. Nunca he conocido a nadie que haya recibido demasiado ánimo.

Ora para que Dios pueda hacer de ti ese tipo de alentador. No somos todos porristas, pero podemos aprender cómo responder enérgicamente en las celebraciones de otros, incluso los que no conocemos bien. Bienvenidos al equipo de alentadores.

Los Conocidos Casuales

Usualmente los Conocidos Casuales no están en nuestras vidas por mucho tiempo, pero los podemos animar con paciencia y benignidad.

Los jugadores de la primera y tercera base están constantemente animando a su equipo. Durante cada lanzamiento ellos animan al lanzador y receptor. Después de las jugadas, celebran con el jugador que ejecutó bien.

Cuando termina una entrada, suelen lanzar una pelota a las gradas para un joven aficionado. Se ponen en contacto con la persona y la lanzan intencionalmente hacia ella. Toda la sección cercana al joven fan estalla en aplausos y devuelve un saludo de "¡Buen trabajo!" al jugador.

Ser positivo y usar palabras positivas al pasar cerca de estas conexiones, les levanta. Busca lo mejor en otros, encuentra algo que puedas destacar para darle un cumplido.

Me encanta conectar visualmente con la madre que veo luchando en el aeropuerto con los niños, el coche y el equipaje arrastrando una manta detrás. Cuando nos conectamos visualmente le doy una sonrisa y un saludo. Es como una palmada de, "¡lo haces bien, mamá!"

A veces, cuando surge la oportunidad y puedo hablar con ella acerca de las cosas buenas que está haciendo, inevitablemente ella sonríe. Siempre hay que decirle, "¡Buen trabajo, mamá!"

Mientras estamos en el estadio veo a muchos chicos con sus padres. Muchas veces lucen un poco desaliñados. Aprovecho la oportunidad para decirles lo bueno que es que puedan pasar tiempo en el estadio con su padre. Es una forma de animar al padre desde lejos.

Con los Conocidos Casuales no solemos usar las Escrituras para edificar a alguien, pero podemos usar palabras inspiradas por las Escrituras como una forma de infundir el amor de Dios sin que se den cuenta. "Estoy tan impresionada con tu paciencia." "Eres muy amable."

Si las personas son gruñonas, una forma de responder a su actitud negativa es incorporar ternura y amabilidad.

Cada día, busquemos conscientemente a alguien para inyectar el amor de Dios directamente en su corazón.

El Círculo Social

El Círculo Social es el grupo con el que podemos compartir más inspiración. Los jardineros están en una posición donde pueden animar a todo el equipo. Gritan palabras de fe en las habilidades de los jugadores y provocan a los fanáticos en las gradas a gritar y vitorear.

Como grupo de jardineros, se infunden confianza unos a otros. Se respaldan mutuamente en las jugadas mientras se comunican verbalmente para mantener al otro seguro, y comparten información sobre las posiciones durante las jugadas o el número de outs.

Después de una victoria, se reúnen para hacer saltos rituales o apretones de manos para celebrar. Observa un juego de las Pequeñas Ligas y verás a los niños replicando estas celebraciones.

Algunas de estas relaciones dan espacio para compartir cómo Dios obra en nuestras vidas. Con estas conexiones, ofrecemos oración por cualquier asunto o preocupación compartida. Estas peticiones suelen ser cosas sencillas, pero se da la seguridad de que se orará por ellas.

Debemos siempre hacer un esfuerzo para levantar a estas personas. No son tan cercanas como para entender sus fortalezas y debilidades, pero si escribimos las cosas que observamos, podemos animarles y recordar dar seguimiento en el futuro.

Generalmente se acepta compartir las Escrituras cuando estamos con el Círculo Social. Podemos usar versículos para compartir cómo el Señor obra en nuestras vidas. No sólo predicamos, sino que usamos las Escrituras como fundamento de las acciones de Dios en nuestras vidas o cómo vemos a Dios en las vidas de ellos. Son observaciones más específicas.

Cuando leemos un buen libro o vemos un artículo interesante que pensamos que podría ser de inspiración para alguien de este círculo, le hacemos saber cómo nos impactó. Puede ser que dejemos un mensaje o un comentario alentador en las redes sociales.

Esta conexión puede participar de celebraciones más significativas, como un baby shower o una despedida, una boda o un éxito empresarial.

No somos los planificadores en este grupo, pero estamos presentes para animarnos mutuamente. Traer galletas a una reunión puede mostrar nuestro gozo de estar juntos. Es un gesto amable.

Espíritus Afines

Los Espíritus Afines son el grupo donde somos más comprensivos con las necesidades. Los jugadores del cuadro interior son el corazón de la defensa. Se ayudan el uno al otro en las jugadas donde la pelota va hacia el medio o en las situaciones de doble-play.

Cuando se ejecuta una jugada, celebran el uno con el otro. También siguen conversando y afirmando a los otros jugadores, al lanzador y al receptor.

Mantienen informados a los jardineros transmitiéndoles

información, número de outs y estímulo. También lideran y dirigen la defensa con comunicación positiva.

Nuestros Espíritus Afines son aquellos con quienes compartimos la emoción de lo que el Señor está haciendo en nuestras vidas. También comunicamos cómo vemos al Señor obrando dentro y a través de sus vidas. Creciendo juntos en el Señor, vivimos el amor de 1 Corintios 13 con palabras amables que les edifican. Ellos comunican lo mismo.

La gratitud se derrama entre los Espíritus Afines. Cuando compartimos diferentes asuntos somos específicos en los detalles, porque sabemos que el otro será positivo y nos dará palabras que dan vida.

Rara vez las palabras drenan la vida pero. si eso sucede, la otra persona en la relación les indicará a Jesús y las redirigirá hacia un estímulo útil.

Pedir oración es una práctica común. En esta relación cada persona deja lo que está haciendo para orar inmediatamente con el otro. Las oraciones son palabras de confianza y consolación.

Cuando vemos un libro o un artículo que les pueda inspirar o motivar, se los mandamos sin vacilación. Las notas amables se mandan por mensaje de texto o incluso una nota escrita a mano que nos recuerde esta relación.

El ánimo puede venir en muchas formas, incluyendo las acciones de apoyo. Enviar comidas, hacer diligencias, o hacer una llamada o chequeo regularmente puede darles estímulo.

La Familia Por Siempre

Nuestra Familia Por Siempre, representada en el béisbol como el lanzador y el receptor, nos da una imagen de afirmación constante. El vínculo entre estos jugadores es el impulso de mantener un ritmo positivo para tener éxito en el campo.

Pocas veces reaccionan negativamente hacia el otro porque

su responsabilidad es mantener la positividad. Creen que juntos pueden competir para ganar. Se elogian mutuamente mientras completan cada turno al bate con un out, ya sea un ponche donde no necesitan ayuda o cualquier out completado por otros jugadores.

La Familia Por Siempre participa en un nivel íntimo de afirmación optimista. Piensan en el futuro y se elogian uno al otro cuando ven formas de fidelidad en sus vidas. Cuando uno está luchando en una parte de su vida, el otro lo levanta con la esperanza del futuro y lo que Dios pueda hacer.

Son el equipo de porristas personales de cada uno. Las luchas se comparten, sabiendo que el otro las llevará de regreso a Jesús. Cuando necesitan un impulso, saben que deben acudir el uno al otro. Naturalmente, viven el amor de Cristo en la vida de los demás.

La gratitud por lo que el otro ha hecho o dicho es habitual. Las Escrituras se comparten de manera constante por medio de mensajes, llamadas o las redes sociales. La oración ocurre sin pedir, y lo que escucharon del Señor lo comparten con emoción.

La Familia Por Siempre sabe cómo celebrar. Aplauden de forma fuerte para que todos escuchen. Todos se dan cuenta de los logros, tanto pequeños como grandes.

Sé consciente de lo que hacen y aparece con bizcocho o confeti. Cuando somos animadores entusiastas, todos ganan.

Todos oramos para tener este tipo de persona en nuestras vidas. No todos nuestros conocidos serán porristas en nuestras vidas. Debemos tener cuidado acerca de quién asumimos que nos animará y nos apoyará. Sin embargo, necesitamos ser esa persona para todos los que conocemos.

Sentimientos Fuertes

Una precaución cuando estás animando a los demás: asegúrate de mantener contacto apropiado con ellos. Yo debo tener cuidado porque me precipito a abrazar. Hay personas a las que no les gusta el contacto humano. Pide permiso si no estás seguro.

Si eres una persona que quiere compartir una palabra de aliento, evalúa la capacidad de la persona para aceptar lo que vas a compartir. Es imperativo ser considerado con los límites de otros y buscar formas de animarlos.

Como he compartido en libros previos, muchas personas llevan un diario de gratitud. Quiero que comiences un diario de aliento. Busca un cuaderno bonito o abre un archivo en tu computadora. Prefiero papel físico, pero a veces puedo poner notas en mi aplicación para no olvidar.

Comienza con la persona que te ha animado en tu Familia Por Siempre, luego continúa con los Espíritus Afines y el Círculo Social. Haz una lista de las formas en que te han animado o celebrado. Después haz una lista de las cosas que puedes hacer para ser porrista en las vidas de ellos.

No podemos hacer una lista de los Conocidos Casuales a quienes podemos bendecir, pero ¿cuáles son algunas cosas que este grupo ha hecho para hacerte sonreír o han puesto paz en tu corazón?

También, escribe una página con Escrituras. ¿Cuáles son los versículos que te infunden confianza? Anótalos. Y cuando encuentres a alguien que necesita de la Palabra de Dios, podrías compartirlos con ellos.

Las Escrituras también pueden ser escritas en una nota o mensaje para estimular a una persona que necesita ánimo. Amar a otros viene de forma natural cuando estamos preparados con el amor de Dios en nuestros corazones y mentes.

Quiero desafiarte a ser más alentador mañana que hoy. Sé que puedes lograrlo, ya lo estás haciendo pero, ¿qué más podemos hacer como un equipo de alentadores?

Comienza con inspirar unl cambio para mejorar y hazlo realidad. Da el primer paso para animar y edificar a otros en amor. Avanzar en nuestras relaciones con los demás es el resultado de ejemplificar el amor de Dios.

Puede que no nos veamos como porristas así como lo vemos en eventos deportivos, pero sé que podemos inspirar a otros. Estimular espiritualmente a otros al compartir el amor de Jesús a través de nuestras palabras y acciones, y edificar a los demás. les inspira para que den ese paso de fe que Dios desea. Continúa invirtiendo en el valor de otros.

★ ★ ★

LAS NUEVE CUALIDADES FUNDAMENTALES #6

Compasivo

El mundo se ha vuelto un lugar más compasivo con los derechos de los demás, a pesar de ello también parece que estamos más absortos en nosotros mismos. Como sociedad, estamos más preocupados por lo que creemos y necesitamos que en mostrar corazones quebrantados por los demás.

Ser compasivo significa sufrir juntos, mostrar empatía hacia el sufrimiento del otro, y tener el deseo de aliviar su dolor.

Sentir empatía por la situación es el primer paso para tener compasión y decidir actuar para ayudar. Hay una motivación fuerte para cambiar su circunstancia o aliviar su dolor.

El amor compasivo muestra empatía hacia la aflicción del otro y tiene el deseo de aliviar su dolor. Ser compasivo implica reconocer las necesidades espirituales y físicas de los demás, incluso cuando ellos ignoran las nuestras.

Amar a otros significa poner nuestras preocupaciones a un

lado y ponerse en la brecha. Dar y recibir compasión tiene un impacto positivo en nuestras vidas.

Nuevamente, es posible que tengamos creencias distintas o que estemos de acuerdo en muchos aspectos. Nuestro deseo de ayudar se ve obstaculizado por nuestro juicio sobre cómo las personas con las que no estamos de acuerdo llegaron a su situación.

Por ejemplo, la pobreza es un asunto que conocemos. Vemos a personas en las calles mendigando, o experimentamos ver a niños en las aulas de clases que no tienen la ropa adecuada o dinero para sus almuerzos.

Rápidamente hacemos suposiciones o conclusiones basadas en lo que vemos. El hombre mendigando, lo más probable es que quiera comprar drogas. No vamos a ayudarle en eso. El niño que tiene ropa fea o no tiene dinero para su almuerzo, lo más probable es que tenga unos padres holgazanes. La prostituta en la esquina eligió esa vida. Es su problema, no el mío. Ella podría encontrar un trabajo normal.

Podemos decir muy rápido que no es nuestro problema. Sin embargo, al mirar a las personas a través de los ojos de Jesús, nuestro punto de vista cambia drásticamente. El veterano que tiene trastorno de estrés postraumático (TEPT), démosle gracias por haber servido a nuestro país. ¿Cómo podemos ayudarle a buscar los recursos que necesita? El niño que se sienta al lado nuestro y necesita ropa nueva, ¿cómo podemos ayudar a los administradores de la escuela a buscar ropa o pagarle los almuerzos? La mujer en la esquina que está cautiva por el hombre que la está usando con promesas de hacerle la vida mejor, ¿cómo podemos hacer que ella entienda su valor en Jesús como Él la ve?

Tenemos oportunidades cada día para ver a alguien a través de los lentes de Jesús. Algunas son más obvias que otras. Debemos buscar ver lo que tenemos en común y cómo podemos aprender más de su situación.

Estrategia Defensiva

La vida no es fácil, y muchas veces nos ponemos a la defensiva porque luchamos y no queremos ser conscientes del dolor o la batalla de otra persona.

Cuando las cosas se ponen difíciles para nosotros, nuestros corazones pueden endurecerse. Construimos muros de defensa para protegernos del dolor en vez de abrir nuestros ojos y corazones para ver lo que quiebra el Corazón de Dios. Debemos crear estrategias para cuidar esas cosas.

Durante la temporada suelo viajar mucho. En un viaje de tres o cuatro días comparto taxis varias veces. Yo trato de ver cada viaje en taxi como una oportunidad para aprender más de otra cultura o circunstancia que quizás no he experimentado.

En la primavera de 2021 llegué a Nueva York y pedí un carro compartido. Cuando llegó el carro, entré mi equipaje y me subí al auto.

Saludé al chofer y él me saludó también. Su acento indicaba que no era nativo de los Estados Unidos, así que le pregunté de dónde era, y él me compartió su conexión con el Medio Oriente.

La pandemia había golpeado a Nueva York de forma dura, así que le pregunté cómo lo había pasado durante ese tiempo. Él inmediatamente comenzó a llorar. Este hombre fuerte se convirtió en débil, llorando mientras manejaba desde el aeropuerto de La Guardia hacia la ciudad.

Inmediatamente mi corazón se quebró por él. Aunque no recuerdo su nombre, su historia quedó grabada en mi corazón para siempre. Cuando el chofer se calmó, compartió que había perdido a cinco personas en su casa en un solo mes. Su madre, su padre, sus suegros y un cuñado, todos murieron del virus.

El dolor era palpable. Las lágrimas me llenaron los ojos.

Compartí el dolor. Yo le pregunté si podía orar por él. Estuve asombrada de haberle preguntado eso, ya que asumí que nuestras creencias eran tan diferentes. Pero quedé más asombrada cuando él me permitió orar por él.

Puse mi mano en la partición plástica que nos dividía en el carro, cerré mis ojos. Comencé a orar por la familia, por su dolor, y que sus corazones fueran sanados en el Nombre de Jesús. Mientras oraba, escuché un sonido contra el plástico.

Me asombró ver que él había puesto su mano contra la mía en el divisor plástico. Sus lágrimas ya estaban más lentas.

Continué orando por las bendiciones y sanación sobre ellos. Cuando terminé de orar, él agradeció por "orar a tu Dios por mi familia". Dijo que necesitaba todas las oraciones.

No sé si ese hombre va a creer en la gracia sanadora de Jesús, pero sí sé que, gracias a la compasión que le mostré, conoce el Poder sanador de Jesús.

Una Lección Valiosa

Mi personalidad puede ser fuerte y a veces hiriente. Una vez hice un comentario a una amiga amante del béisbol sobre cómo estaba criando a su hijo.

La observación mordaz provocó risas en el grupo que nos rodeaba. Logré las risas, pero fue una flecha hiriente al corazón de mi amiga. No sabía del dolor tan profundo que le causó ese comentario hasta que dejó de responder a mis llamadas.

Después, me evitaba. Se sentaba con un grupo diferente en el juego de la Pequeña Liga y se excusaba cuando yo entraba a la panadería donde muchas mamás se reunían después de dejar a los niños en la escuela. Una mañana dijo algo muy hiriente mientras salía de la panadería. La seguí afuera y le pregunté cuál era su problema. Nuevamente, no tuve mucho tacto

Su respuesta me hirió tanto, pero mis palabras también

eran hirientes. Hice una pausa, respiré profundamente y le pregunté qué había hecho para herirla tan profundamente.

Cuando ella repitió mis palabras iniciales realmente no vi la ofensa, pero decidí verlo desde su punto de vista, no desde el mío. Mi comentario era un juicio. Le pedí que me perdonara.

Vi los muros empezar a caer. Estuve tan agradecida de que mi amiga mostró compasión cuando yo fui tan crítica.

Tomó tiempo reparar nuestra amistad. Intencionalmente invertí mi tiempo y energía en nuestra relación. Estaba pendiente de ella y pasaba tiempo ayudando con sus hijos.

El consuelo y la paciencia que le brindé se me devolvía cuando ella aceptaba la compasión. Su pasado era una carga que tenía que llevar todos los días. Discutimos los problemas y oramos juntas por sanación.

Yo pude haber concluido en que esto era mucho trabajo, pero en cambio decidí manejar mis defectos y consolarle por un dolor que no entendía muy bien, hasta que ella vio mi amor por ella.

Entendimos nuestras diferencias, comprendimos de dónde veníamos y perdonamos cuando era necesario. Aprendí una lección muy valiosa de mi amiga. Nuestra relación sigue creciendo.

Mientras paso tiempo y energía alimentando mis relaciones dentro del béisbol, inevitablemente algunos devuelven la bondad y la compasión, pero otros no. Esto no es razón suficiente para dejar de ser compasivo.

En cada esquina podemos ver las necesidades físicas de otros si miramos genuinamente desde la perspectiva de Dios y no sacar conclusiones basadas en la falta de entendimiento de la situación de otros.

Pasar tiempo chequeando, cuidando e invirtiendo en los demás, añade valor y claridad a nuestras conexiones. Abrir nuestros corazones para compartir el dolor e intentar ayudar, nos permite ver el amor que Dios necesita que compartamos.

Tomar el riesgo

Ser compasivo con otros es arriesgado y nos saca de nuestra zona de confort, pero mientras estemos conscientes del dolor de los demás, Dios puede abrir nuestros corazones para amarlos.

Entender sus vidas y perspectivas aun cuando no estemos de acuerdo con ellos, quita nuestras gafas críticas y nos da un vistazo de lo que Dios ve.

En los cuatro tipos de relaciones somos llamados a amar a la persona total. Cuando tenemos oportunidad, mostramos compasión por suplir una necesidad física o espiritual con nuestros Conocidos Casuales. En nuestro Círculo Social debemos procurar conexiones llenas de gracia. Nunca sabemos exactamente lo que otros están experimentando. Mostrar compasión emocional a nuestros Espíritus Afines, requiere que nos detengamos, escuchemos y estemos presentes para ellos. La Familia Por Siempre es un río de ternura y misericordia que siempre fluye.

Abraza la gracia, el amor y la misericordia que Jesús ofrece, y derrámalas sobre los demás.

Tal como...

"Antes sed benignos unos con otros, misericordiosos, perdonándoos unos a otros, como Dios también os perdonó a vosotros en Cristo."

Efesios 4:32 RVR 1960

La compasión de Dios consiste en que Él ve nuestras luchas y busca ponerlas en orden. Nos pide ser benignos y compasivos en respuesta a lo que Él ha hecho por nosotros. Esta es la ley del perdón de Cristo que nos enseña en los Evangelios. Jesús nos da un preaviso acerca del perdón. Si no perdonamos a otros, Dios se negará a perdonarnos. Es tan difícil aceptar esa verdad. Su perdón de nuestros pecados no es el resultado directo de nuestro perdón a otros, pero se basa en nuestro entendimiento de la necesidad de perdonar. Es fácil pedirle a Dios perdón, pero es un reto extenderlo a otros.

Pedro le preguntó a Jesús en el libro de Mateo cuántas veces debemos perdonar. Los rabinos enseñaron que debemos perdonar solo tres veces. Pedro trató de ser generoso y preguntó si siete veces era suficiente. Jesús contestó: "Setenta veces siete." Significa que no debemos contar el número de veces que perdonamos. Debemos siempre perdonar a aquellos que están genuinamente arrepentidos, sin importar cuántas veces pidan perdón. Doy gracias a Dios porque Él no pone límites en las veces que podemos pedir perdón.

Jesús también describe nuestra necesidad de perdonar en la oración del Padre Nuestro. Cuando Jesús enseñó a los discípulos a orar, hizo del perdón el ancla de nuestra relación con Dios. Dios nos ha perdonado, así que debemos perdonar a quienes nos han hecho daño.

El Desafío del Perdón

Perdonar a otros es un reto. Muchas personas prefieren vivir en preocupación y dolor en lugar de perdonar. Nunca debemos orar mientras guardamos rencor. Es como un árbol que tiene hojas pero no da fruto. La fe verdadera cambia nuestros corazones. La oración verdadera derrumba los muros de arrogancia y venganza, llenando los vacíos con amor. Si debemos perseguir y buscar la paz, debemos ser conscientes de la necesidad del perdón.

Jesús muestra compasión hacia nosotros mediante el perdón. Él nos muestra compasión y bondad en los ámbitos físico y espiritual. Un experto de la ley le preguntó a Jesús:

"¿Quién es mi prójimo?" La pregunta tenía que ver con su mandato de amar al Señor con todo su corazón y amar a su prójimo como a sí mismo. Jesús le contó una historia.

Un hombre fue atacado por ladrones mientras viajaba a Jericó. Lo dejaron medio muerto. Un sacerdote pasó y no lo ayudó. Un levita ignoró su necesidad. Pero un samaritano lo vio, cuidó de sus heridas y pagó el precio por un lugar donde pudiera quedarse. Jesús preguntó cuál de esos hombres era su prójimo.

El experto de la ley ni siquiera pudo admitir que fue el samaritano quien hizo lo correcto. Un odio profundo existía entre los judíos y los samaritanos. Él solo respondió que el que hizo correctamente fue el misericordioso.

Los judíos se consideraban puros y creían que la raza mixta de los samaritanos no era pura. El hombre que hizo la pregunta inicial no pensaba que el samaritano pudiera actuar correctamente. Jesús vio las necesidades físicas de las personas y mostró compasión.

Cuando una gran multitud se juntó para escuchar sus enseñanzas, Jesús se dio cuenta de que no habían comido por tres días. Estaba preocupado de que iban a desmayarse en el camino a sus casas. Jesús llamó a los discípulos. Le dijeron que no tenían suficiente pan para alimentar a la multitud tan grande. Sólo tenían siete panes y unos peces. Jesús partió el pan, dio gracias por los peces e instruyó a los discípulos para distribuirlo.

Al final, había siete canastas llenas de sobras. No solo Dios alimentó a todos, sino que proveyó lo suficiente para que sobrara. Dios ve las necesidades de las personas y provee en abundancia. Él tuvo compasión por las necesidades físicas de las personas, pero Jesús finalmente vino a traer la salvación, nuestra necesidad espiritual.

Pastorear a su Gente

Jesús se angustiaba por la condición espiritual de todos a quienes veía, incluidos los líderes espirituales. Enseñaban leyes pero no se preocupaban por el bienestar total de la persona. Su negativa a creer en Jesús fue un ejemplo de su terquedad.

Él vino a traer la salvación y los fariseos querían discutir con Él sobre puntos triviales de la doctrina religiosa. Ellos le preguntaban sobre cosas que pensaban importantes y cómo seguir la ley, impidiendo que otros experimentaran el reino de Dios.

Finalmente, crucificaron a Jesús por sus actitudes enfocadas en lo innecesario. Eran orgullosos de su habilidad para seguir las reglas pero carecían de compasión por la necesidad espiritual de los demás.

Jesús continuamente alimentaba a su rebaño con parábolas y enseñanzas que cumplían la ley en la que los fariseos se mantenían firmes. Caminó por todos los pueblos, enseñándoles en las sinagogas y proclamando las buenas nuevas del reino. Sanó a los enfermos.

Jesús nos habla del juicio final en Mateo. Él nos enseña que separará a sus seguidores obedientes de los hipócritas e incrédulos. Nuestra fe es la evidencia real de cómo tratamos a todas las personas como si fueran Jesús. No es una tarea fácil, pero debemos emular la compasión de Cristo.

Él era el Pastor de la gente, trayendo más obreros para expandir el reino y guiarlos a Dios.

Cuidar a los Demás

Nadie en esta tierra será perfecto, así que debemos aceptar y amar a otros cristianos a pesar de sus faltas. Debemos llevar las cargas los unos de los otros y señalarles a Jesús.

Cuando vemos las faltas en otros, debemos ser pacientes y gentiles como Jesús, consolándolos cuando están desconsolados y fortaleciéndoles cuando son débiles.

Las personas están heridas a nuestro alrededor, incluidos nosotros. Isaías profetizaba que el Mesías venidero sería rechazado, un hombre de sufrimiento que podría compadecerse de nuestro dolor.

Uno de los lugares donde leemos que Jesús se emocionó hasta las lágrimas fue cuando vio a la multitud llorando después de la muerte de Lázaro. Fue conmovido profundamente en el Espíritu.

En Lucas 19, Jesús lloró cuando se acercó a Jerusalén. Los líderes judíos rechazaban a su Mesías y la oferta de Dios de la salvación a través de Jesús. Dios no se apartó de las personas que le obedecieron. Él sigue ofreciendo salvación a todas las personas.

Jesús mostró gran compasión por todos los que estaban luchando. Él comprendió nuestro dolor y quiere que nosotros ayudemos a los que están en necesidad.

Cuando fallamos en ser compasivos, no personificamos el amor de Cristo. Conocer la compasión de Dios hacia nosotros, nos guía a entender cómo debemos ofrecer empatía a otros con un deseo de aliviar sus cargas.

Cuidar a los demás es el centro de cómo estamos llamados a amar a otros. Nuestro amor está basado en nuestra fe en Cristo, pero no es limitado.

Pastorear a otros es una necesidad en la relación con nuestros conocidos casuales. Puede ser un gran reto ofrecer perdón cuando sentimos que dentro de nuestro círculo social nos han lastimado, pero podemos guiar con el ejemplo. Los Espíritus Afines y la familia para siempre son las relaciones que construyen la base del cuidado y nos ayudan a aprender cómo compartirlo con otros.

Dios nos ha escogido para ser benignos y compasivos. Al

perdonar a los demás y cuidar de sus necesidades físicas y espirituales, nos asemejamos a Cristo.

Cristiano Compasivo

Ser un cristiano compasivo requiere ser más como Jesús cada día. Pedir al Señor que quebrante nuestros corazones con las cosas que le duelen a Él es una tremenda oración para cada mañana.

Somos incapaces de lograr esto solos. La única manera es con el Espíritu Santo guiándonos para que seamos más empáticos.

Dios está lleno de gracia, justicia y compasión. La compasión es el producto de ser santos y amados, no conformándonos a lo que hacen los demás, sino siendo transformados a la imagen de Cristo.

Dios nos ha escogido para hacer buenas obras para Él, y esta obra comienza en nuestros corazones y mentes: perdonar y mostrar misericordia a los que están necesitados física y espiritualmente.

Hemos aprendido sobre escuchar empáticamente como una herramienta para la abnegación. Llevémoslo un paso más allá y pongamos acción en nuestros corazones para abrirlos y sentir empatía por otros. Desarrollemos nuestros ojos para ver a los demás como Dios los ve.

La compasión comienza con poner nuestras opiniones a un lado y permitir que nuestros corazones sientan la plenitud de los sufrimientos de otros y está conectada con lo que hacemos.

Conocidos Casuales

Los Conocidos Casuales son el grupo que necesita más de nuestra compasión. Por no saber mucho de ellos, no solemos sentir compasión hacia sus cargas.

Los jugadores de la primera y tercera base muestran empatía desde la distancia, ya que sus interacciones son pocas.

Llevar las cargas de cada uno es un desafío cuando el contacto es distante. Sin embargo, se muestran comprensivos cuando el otro no hace una jugada rutinaria. Son conscientes de la lucha del otro por retirar a un corredor. Entienden el sentimiento y no emiten juicios rápidamente.

Hay que perdonar cuando se producen jugadas importantes. Con su empatía por sus respectivas posiciones, generalmente no tienen resentimientos porque no se haya completado una jugada. Saben que podrían ser los próximos en cometer un error.

El defecto en este tipo de relación es que es fácil juzgar a otro cuando no sabemos mucho de ellos.

Las diferencias en opiniones y creencias religiosas o políticas causan una gran división en este grupo no mostrando empatía por la persona, sino juzgando las opiniones nada más.

Nuestro mundo está lleno de odio y acusaciones. Ser compasivo no es natural para muchos, especialmente en las redes sociales. Pero también lo he visto en los aeropuertos, los estadios y en las calles. Es fácil lanzar condenas y acusaciones. El racismo y las diferencias culturales siguen vivas.

Como cristianos, debemos mirar a los demás a través del lente de Dios. Sé consciente de los que son diferentes y haz el intento de entender su imagen por medio de Cristo. Ponte en sus zapatos. Muestra misericordia.

Trata de entender su vida y perspectiva. Nuestra meta es entender y ser empáticos. Aun si no estás de acuerdo con ellos, no niegues sus sentimientos. No estoy diciendo que hay que tolerar su pecado, pero nuestras palabras de entendimiento y conciencia son pequeños dones del amor de Dios.

Cuando vemos personas que son diferentes en sus creencias, les damos medidas generosas en nuestros pensamientos. Oramos por ellos, no con juicio sino con empatía y misericordia.

En cada esquina podremos ver las necesidades físicas de otros si realmente nos detenemos a mirar. Entender sus necesidades desde la perspectiva de Dios, y no desde nuestras conclusiones carentes de entendimiento , abrirá nuestros corazones para cuidarles.

Un cristiano compasivo debe estar buscando maneras de cumplir con las necesidades de las personas desfavorecidas. Si tienen sed, dales de beber. ¿Hambre? Provee una comida caliente. Encontrar maneras de abrir nuestros corazones y manos, sirve a las personas y a Dios.

Las necesidades espirituales son un poco más difíciles con los Conocidos Casuales, pero pueden ser discernidas cuando nuestros corazones están listos para ver su dolor. Tomar tiempo para hablar y escuchar, nos ayuda a abrir nuestras mentes y espíritus para ser humanos y mostrar sentimientos de ternura hacia otros.

Cuando las personas están angustiadas, nosotros les alentamos. Si alguien tiene creencias diferentes a las nuestras, abrimos nuestros corazones para compartir la historia de cómo Dios nos ha transformado.

El Círculo Social

En el Círculo Social es más fácil ser consciente de las necesidades espirituales y físicas de otros. Pero algunos no comparten sus necesidades hasta que profundizas más en la conexión.

Los jugadores jardineros se apoyan mutuamente y también a los demás jugadores. Durante el juego, su comunicación y ánimo son necesarios para trabajar juntos. La preocupación del uno por el otro crea una acción fluida durante las jugadas.

La naturaleza compasiva de los jardineros es visible después de una victoria. Muchas veces se reúnen para celebrar con una palmada, un abrazo o un apretón de manos ritual.

En un grupo más grande con el que estamos en contacto de forma más regular, podremos evaluar sus necesidades si tenemos el deseo de verlas. Las necesidades físicas son obvias, pero toma más trabajo comprender las necesidades espirituales.

La empatía no ocurre naturalmente para algunas personas; deben hacer un esfuerzo. Algunos de nosotros que sí tenemos corazones muy sensibles, debemos aprender a regular los sentimientos profundos que tenemos cuando otros están heridos.

Cuando tenemos un contacto más estrecho, las conversaciones pueden aventurarse en áreas de desacuerdo. Debido a nuestras expectativas o suposiciones, podemos ir demasiado lejos.

Cuando compartimos nuestras creencias no debe haber juicio. Pregunta sobre la razón que hay detrás de ciertas opiniones. Escucha. Si necesitas ser desafiado a ser consciente de las necesidades de las personas de este grupo, únete a un nuevo grupo para escuchar.

Nunca debemos tratar de demostrar que alguien está equivocado solo para tener la razón. Luchar contra nuestra ambición egoísta nos permite abrirnos a las diferencias.

Lo más compasivo que podemos hacer por muchos, especialmente en el Círculo Social, es hacerles saber que los ves. Estar consciente de ellos y de la ayuda que necesitan demuestra que te importan.

Esfuérzate por ser considerado. Escucha cuando ellos

necesitan compartir. Busca continuamente comprender de dónde viene la otra persona.

Perdónalos cuando hay un desacuerdo, incluso si la relación no crece o si el perdón no se acepta.

Las necesidades espirituales quizás no se compartan en este grupo, pero podemos compartir cómo la compasión de Dios hacia nosotros ha cambiado nuestras vidas. Las conexiones pueden crecer a una relación más profunda cuando demuestras compasión.

Espíritus Afínes

Los Espíritus Afines se entienden a un nivel más profundo. Están conectados a las necesidades del otro. Es un grupo donde ser compasivo uno con el otro da como resultado una mentoría mutua.

El campocorto y el jugador de segunda base son el ejemplo de una mentoría mutua y compasiva. Proveen ayuda resiliente al ser el corazón del diamante.

Ellos asumen las jugadas que no ejecutaron y celebran cuando logran doble play. Los dos jugadores se comunican entre ellos y son empáticos hacia los otros que no están jugando bien.

Los Espíritus Afines son honestos cuando han hecho algo mal. Aceptar las faltas del otro es vital en este nivel de amistad. No permiten que las debilidades sean su enfoque porque saben que todos cometen errores.

Es más fácil ser compasivo a este nivel. Se perdona más rápido. La misericordia y la gracia se demuestran sin juicio. Comparten el perdón de Dios y oran el uno por el otro cuando es necesario, aun sin que el otro lo pida.

Sus sentimientos son más tiernos el uno por el otro cuando ven al otro sirviendo desde el corazón. Comparten información para entenderse mejor.

Las necesidades físicas son conocidas y satisfechas antes

de que se expresen. Las necesidades espirituales son satisfechas cuando oran el uno con el otro, incluso cuando las cosas van bien.

La Familia Por Siempre

La compasión surge muy fácilmente en la Familia Por Siempre debido a su profundo amor el uno por el otro. Se sirven el uno al otro sin cuestionar.

Los lanzadores y receptores son corteses y amables entre sí debido a su profunda conexión. Su comprensión de las diferentes necesidades es algo natural. La asociación es receptiva y consciente de la necesidad de empatía durante los juegos.

Cuando uno no es tan fuerte como el otro, no juzgan, sino que salen a discutir los problemas y a ponerse de acuerdo sobre cómo proceder.

Entendemos que somos santos, escogidos, amados y vestidos de compasión, así que nos preocupamos profundamente. La Familia Por Siempre no juzga. Hablamos de las diferencias y mostramos misericordia cuando encontramos un desacuerdo.

Juntos nos servimos el uno al otro. Hablamos libremente y realmente escuchamos lo que el otro dice. Las necesidades físicas nunca se ignoran y se satisfacen antes de que lleguen demasiado lejos. Para la Familia Por Siempre, servir a los demás está en la parte superior de su lista de actividades.

Las necesidades espirituales se comparten, y el crecimiento continuo se comparte en esta relación. Servir a otros con el amor de Dios es nuestra meta. Cuando la compasión se muestra, hace un impacto en los demás.

Un Corazón Compasivo

En cada grupo relacional debemos ser creativos en cuanto a la forma de mostrar compasión. Como sabemos, es más fácil ser consciente y comprender las diferencias en unos pero es más complejo en otros. Algunos necesitan algo fuera de lo normal cuando les mostramos empatía.

La compasión está conectada a lo que hacemos cada día en los actos pequeños. Cuidar a los demás muestra que nuestros corazones están rotos por las cosas que quiebran el corazón de Dios.

Enfrenta a la bestia de la resistencia para cuidar y amar a los demás con un corazón compasivo. Sé un defensor de alguien a quien quizás no conozcas. Ofrécete como voluntario en una organización que te exponga a cosas que nunca has experimentado. Muestra que valoras a los demás mientras muestras la humanidad tierna.

Acepta el reto de perdonar y asegúrate de que cada persona que necesita el perdón esté cubierta en oración y perdón. Esto debe incluir también el perdonarnos a nosotros mismos. Ser un pastor de amor, nos permite mostrar bondad de forma natural, continuando preocupándonos por el mejoramiento de las personas con quienes estamos en contacto cada día.

Comienza cada día orando para que Dios llene nuestros corazones con compasión, siendo sus manos y pies para la comunidad de personas a las que Él quiere que nosotros amemos. Después, toma acción cuando alguien está en necesidad.

★ ★ ★

LAS NUEVE CUALIDADES FUNDAMENTALES CUALIDAD #7

Respetuoso

Muchas personas creen que mostrar respeto es admirar a alguien o ser sensible a sus sentimientos y derechos. El respeto es la base de un comportamiento afectuoso y honorable. Es la piedra angular de las relaciones amorosas.

Ser respetuoso es cuando nos preocupamos lo suficiente por otra persona como para considerar cómo le afectan nuestras acciones. El corazón del respeto es la preocupación. El amor respetuoso cuida lo suficiente de la otra persona para considerar cómo nuestras acciones le afectan.

Todos los seres humanos merecen respeto porque son hechos a imagen de Dios. No debemos considerar a los famosos más importantes que alguien de menor renombre. No significa ignorar las diferencias o tolerar a los demás. Deberíamos preocuparnos lo suficiente como para aceptar la importancia de nuestras diferencias, y aprender a mirar más allá de ellas respondiendo respetuosamente.

Primero, debemos encontrar nuestro equilibrio en cuanto al autorespeto. Si no podemos valorar y apreciar lo que Dios nos ha llamado a ser, nunca podremos mostrar a los demás que son esenciales y necesarios. Las relaciones sanas crecen cuando nos vemos a nosotros mismos como Dios nos ve. Un vistazo sano de nosotros mismos, muestra a los demás que valoramos la razón por la que Dios nos ha creado.

El autorespeto no es ceder a la idea del mundo sobre cómo debemos lucir, sino someternos a la verdad de quiénes somos en Cristo. Dios nos ve y aún nos ama. Respetarnos según la visión de Dios nos permite abrirnos a dar el mismo respeto a los demás.

Faltar el respeto a otros es ignorar quiénes son como seres humanos. Reaccionar así con los cristianos deshonra a parte del cuerpo de Cristo. Reaccionar así con los incrédulos es fallar en mostrar el amor de Cristo Vivo dentro de nosotros. El irrespeto es grosero y causa daño a las relaciones.

Me enseñaron de niña a tratar a los demás como yo quiero ser tratada. Veía eso de forma nebulosa, tratando a algunos bien y a otros no tan bien. Mientras mi fe crecía, mi idea de honrar a otros cambió. Tuve que romper con los hábitos que tenía.

La tolerancia cero ante la falta de respeto debería ser nuestra medida. Busquemos abrazar las diferencias. Celebremos las distinciones y mostremos respeto por ellos.

Ser mejor

Cuando comenzamos nuestra carrera profesional en el béisbol, yo tenía la misma edad que las esposas y novias de los jugadores.

Digamos que treinta y siete años después, ellas siguen en el mismo rango de edad y yo he envejecido treinta y siete años!. Las relaciones con las que he tenido la suerte de crecer me han desafiado a ser una mejor sierva del Señor.

Desde la joven novia que entraba tímidamente a un evento primaveral, hasta la novia de un scout que recién se adentraba en la vida alocada del béisbol, he amado y apreciado el conocimiento que hemos compartido. De joven a mayor, y viceversa, el camino hacia el aprendizaje va en ambas direcciones.

La crianza de los hijos representó para mí la mayor pendiente de la curva de aprendizaje. Criar a los niños en un entorno de deportes profesionales es un desafío en muchas áreas. Mi meta fue enseñar a nuestros hijos a ver a cualquier persona igual, sin importar si era la superestrella del equipo o el conserje a cargo de la limpieza de los baños en el estadio.

También tenía que controlarme cuando conocía a gente famosa. Al principio de nuestra carrera, siempre me quedaba atónita por autores, actores u otras estrellas deportivas que visitaban nuestro equipo.

Una vez, un hombre entró a la sala familiar en el estadio. Algunos de nosotros mirábamos el juego desde allí para evitar caminar entre la multitud al final del juego. Estábamos sorprendidos por la apariencia del hombre. Su cabello estaba desordenado, no se había afeitado bien. Su camisa de cuadros estaba desalineada y colgaba de un lado de sus sucios vaqueros.

Las chicas me nominaron silenciosamente para investigar quién era este hombre y por qué había entrado en el espacio sagrado de nuestra sala familiar. Salí del área y fui donde el seguridad de la casa club. El seguridad se llamaba Joe, y le pregunté sobre el hombre desaliñado. Joe comenzó a reírse.

Cuando me dijo quién era el hombre, yo estaba asombrada. Alguien tan famoso no tenía por qué vestirse así.

Regresando a la sala familiar, me presenté al caballero. Él me respondió de forma amable. Procedí a presentarle a las otras mujeres en la sala.

Él se sentó con nosotras en la sala, y comencé a preguntarle sobre sus libros y de dónde venían las ideas para cada libro.

La conversación continuaba y no nos dimos cuenta de que el juego se había terminado. Huyendo de la niñera, mis hijos entraron a la sala como disparados por un cañón y preguntaron si podían ver a su padre. Yo estaba tan interesada en hablar con el autor famoso que les hablé de forma grosera.

Salieron de la sala sin que yo los supiera, solo para ser detenidos por el seguridad en la puerta del clubhouse porque la reunión con los entrenadores aún seguía. Cuando entraron de nuevo a la sala, les ladré por interrumpir mi conversación.

Uno de mis hijos expresó su irritación conmigo en el camino a casa. Fue grosero pero me retó porque el hombre era más importante para mí que mis propios hijos.

En ese momento me di cuenta de que traté a mis hijos de forma terrible por una conversación con un autor de bestsellers del New York Times. A partir de ese momento me controlé a mí misma. Comencé a tratar a cada persona que encontraba con un respeto intencional. Inicialmente lo hice pensando que podía enseñar a mis hijos, pero el Señor me reveló cuánto tenía que aprender. Mis hijos una vez más me entrenaron a mí.

Mostrar respeto

El respeto es un elemento importante de las relaciones saludables, tanto con los que tenemos una cercanía como con los Conocidos Casuales. Mi primera meta fue ver el valor de cada persona, independientemente del estatus.

Cuando entrábamos a los estadios, nos tomábamos el tiempo para mirar a los ojos a las personas en las puertas y la seguridad. En vez de ignorarlos decíamos "por favor" y "gracias" y esto siempre traía sonrisas, o al menos un cambio en su rostro.

Mis hijos y yo solíamos parar en servicio al cliente para saludar a un hombre que había trabajado en el estadio por más de cincuenta años. Él se sentaba en su silla rodante y hablaba con los chicos. Le daban actualización sobre sus clases y los deportes que estaban jugando.

Luego, nos dirigíamos a la tienda de concesiones donde dos mujeres hacían casi siempre las mismas preguntas. Le daban grandes abrazos y besos en las mejillas, provocando risitas en los niños sobre lo asqueroso que era que los hubieran besado.

Mientras entrábamos al clubhouse, siempre nos parábamos para saludar a Joe, deteniéndonos para preguntar sobre su familia o cómo había pasado el día.

Nos encontrábamos con diferentes entrenadores y jugadores en el pasillo camino a la sala familiar. Más abrazos y preguntas, pero nos tomábamos el tiempo.

No siempre era fácil tomarse el tiempo para mostrar respeto a los demás cuando los hijos habían peleado en el carro camino al estadio, o cuando simplemente querían jugar con sus amigos. Tenía que ser intencional.

Interés invertido

Amar a los demás requiere acciones deliberadas. Muchas veces, el mostrar a mis hijos cómo actuar fue calculado, pero luego se convirtió en preocupación genuina el mostrar respeto a los demás.

Mientras mi hijo mayor, DJ, conversaba con un lanzador abridor del equipo, el Sr. John entró a la casa club. El era un conserje que vaciaba los zafacones en el pasillo de la casa club.

Cuando él se acercó, mi hijo corrió a abrazar al Sr. John y contarle sobre su juego en la Pequeña Liga.

El jugador le preguntó a mi hijo por qué no compartió esa información con él. DJ respondió que no le había preguntado.

DJ valoraba al Sr. John porque él invertía en sus intereses y en lo que valoraba. El respeto por los demás no se trata solo del valor externo, sino también del significado interno de tener un amor genuino por otros.

Ser respetuosa con las esposas y novias en el béisbol ha

abierto oportunidades para aprender y enseñar a mis hijos. La diferencia de edad no significa que merezca más respeto que ellas.

El respeto se basa en otras cualidades fundamentales de amar a los demás. Somos respetuosos cuando vemos el valor de otras personas, tratándolas con dignidad y apreciándolas por quienes Dios las creó para ser. Sin embargo, no siempre sabemos cómo tratarnos con respeto los unos a los otros.

Nuestro orgullo podría impedirnos ser respetuosos cuando creemos que alguien no lo ha ganado. Cuando hay un conflicto, el respeto no viene de forma natural, no sabemos cómo ser respetuosos.

El respeto por las personas que encontramos es el resultado de aprender las otras cualidades fundamentales. Las que se relacionan más directamente son las de ser Compasivo y Alentador. Ver a los demás como Dios los ve, sin juzgarles por las circunstancias, nos ayuda a conectarnos con los Conocidos Casuales.

Tener buenos modales nos conecta con todas nuestras relaciones. Asegúrate de mantener contacto visual con tus Círculos Sociales. Reconoce los errores rápidamente con los Espíritus Afines y la Familia Por Siempre, actuando justamente y nunca causando daño.

Como cristianos, vivimos una vida de integridad y devoción constante y comprometida con los valores morales. Como resultado respetamos a los demás, mostrándoles que son valorados y honrados.

Trata a los Demás

"Así que, todas las cosas que queráis que los hombres hagan con vosotros, así también haced vosotros con ellos, porque esta es la ley y los profetas."

Mateo 7:12 RVR 1960

Jesús predicó a la multitud en una colina cerca de Capernaúm. Se llama el Sermón del Monte. El sermón, probablemente duró varios días de predicación, pero se encuentra en tres capítulos en Mateo. Él desafió a los orgullosos y líderes religiosos de la época y a también lo hace con nosotros hoy en día.

Cuando Jesús enseña la porción sobre pedir, buscar y tocar, nos dice que debemos persistir en buscar a Dios. Él procede a hablar a la multitud sobre el corazón de Dios. Él no es ni egoísta ni mezquino. Es un Padre amoroso que nos entiende, nos cuida y nos consuela.

Luego, Jesús enseñó lo que comúnmente se conoce como la Regla de Oro. En muchas religiones se declara de forma negativa, pero Jesús lo hizo más significativo al hacerlo positivamente: trata a otros como quieres ser tratado.

No es difícil lastimar a alguien cuando ellos nos han lastimado, pero es más desafiante tomar la iniciativa para hacer algo bueno por ellos.

La Regla de Oro que Jesús enseñaba es el fundamento de la bondad y misericordia activa. Es la forma de amor que Dios nos muestra cada día.

Es una manera sencilla pero impactante de decir que debemos respetar la dignidad de nuestros compañeros humanos. Dios enfatiza el alto valor que tiene para la humanidad desde los inicios en la Biblia. Tratar a los demás como nos gustaría ser tratados es la perspectiva mínima que deberíamos adoptar hacia todos.

Cada uno de los hijos de Dios debe medir su valor por sus estándares. Él nos llama a ir más allá del mínimo para extender el amor hacia los demás.

Irrespeto expresado

Irrespetar a los demás puede costarnos relaciones. En 2 de Samuel 10, el rey David había sido amigo de otro rey llamado Nahas. Cuando David escuchó que su amigo había muerto, mandó una delegación para expresar su empatía al hijo del rey, Hanun, quien sucedió a su padre.

David quería mostrar la misma bondad a Hanun que su padre Nahas le había mostrado a él. Los comandantes de Hanun pensaban que David había enviado espías a su país para conquistarlo. Hanun interpretó mal las intenciones de David.

Sus hombres agarraron a los mensajeros y les faltaron el respeto al afeitarles sus barbas y dejarlos medio desnudos. Sus acciones humillaron a los hombres e insultaron a Israel. En lugar de admitir su error y pedir perdón, Hanun gastó mucho dinero para encubrir el incidente. Le costó más que dinero.

La falta de respeto trae muchos problemas en las relaciones. Porque Hanun era demasiado desconfiado, juzgó a David por asuntos previos y trajo desastre a su propia vida. Aunque debemos tener precaución si alguien nos ha tratado injustamente, no debemos asumir que cada acción es mal intencionada.

En el siguiente capítulo de 2 de Samuel, aprendemos que los hombres de David destruyeron completamente la tierra de los Amonitas, el pueblo de Hanun. Su falta de respeto hacia David causó gran dolor a todos los involucrados.

La integridad

Respetar a los demás se basa en la integridad, el compromiso interno que tenemos con la verdad. Después del bautismo de Jesús, Él estaba lleno del Espíritu Santo. Él dejó el Jordán y fue guiado por el Espíritu al desierto. El diablo tentó a Jesús por cuarenta días. Jesús mostró integridad durante todo el tiempo que Satanás le estuvo tentando.

Para que Jesús entendiera la experiencia plena del ser humano, Él tenía que enfrentar las tentaciones. Él tuvo que deshacer la obra de Adán. Adán fue creado perfectamente, sin embargo, él fue dado a la tentación y pasó el pecado a la raza humana.

Jesús resistió a Satanás, Él es el ejemplo perfecto de la integridad. Él es completamente Dios y completamente hombre, sin embargo, respetó la enseñanza de Dios y a sí mismo, y resistió la tentación.

Satanás probó las creencias de Jesús cuando Él estaba débil por su ayuno en el desierto. Jesús usó las Escrituras para luchar contra los ataques de Satanás. Nosotros debemos resistir los ataques del enemigo teniendo fe en las Promesas de Dios. La integridad descansa en las Escrituras para luchar contra el pecado.

Jesús estuvo firme en sus valores morales durante toda su batalla contra el diablo. Él mostró justicia al mantenerse firme en la Palabra de Dios y su carácter. Las personas que andan en integridad andan seguras. Nos guía y provee bendiciones para las generaciones venideras.

Vivir el carácter de Dios

Debemos aprender cómo vivir el carácter de Dios para ser respetuosos con los demás. Dios es un Dios de justicia. Debemos actuar con lo que es moralmente justo y bueno, ser justos en nuestro amor por los demás.

Dios es bueno, y somos llamados a vivir esa bondad. Él nos ha dado esa benignidad como fruto del Espíritu. Dios es bueno no solo una vez, sino siempre. Cuando parece que estamos luchando contra el enemigo en nuestras circunstancias, o con otros, debemos aferrarnos a la verdad de que Dios es bueno.

Dios también es santo. La santidad es nuestra meta cuando respetamos a las personas, especialmente a aquellos con quienes estamos en desacuerdo o quienes no han ganado nuestro respeto. Él entiende nuestras necesidades, cuida de nosotros y nos consuela cuando estamos desanimados.

Cuando vivimos el carácter de Dios, podemos respetar la dignidad de los demás. La dignidad es tener respeto por nosotros y por los demás.

Abrazar la dignidad aumenta el respeto por nosotros mismos. El autorespeto no es egoísmo. Es entender quiénes somos en Cristo en cuanto a Quién nos creó para ser.

Entonces podemos proveer el respeto que otros merecen porque son hechos a la imagen de Dios.

Amado

Querido

Celebrado

Perdonado

Debemos aceptarnos a nosotros mismos de la manera que el Señor nos reconoce. Del mismo modo estamos llamados a amar a los demás. Todos estamos hechos a la imagen de Dios y somos dignos de ser amados.

Al mostrar respeto para valorar su dignidad estamos viviendo las características de Dios, creyendo que todos somos de gran valor. Derramamos la bondad sin juzgar. Debemos respetarlos incluso cuando no lo han merecido, tratándolos como queremos ser tratados.

Expectativas para actuar

Pedro instruye a sus lectores en 1 Pedro 2 a someterse a las autoridades, incluso al imperio romano que era un reino cruel. Él no les estaba aconsejando que comprometieran sus conciencias, sino que vivieran según la ley de la tierra. Él dice que debemos mostrar el respeto apropiado a todos en todo momento.

Es un ejemplo de respetar a la autoridad y a otros incluso en conflictos, sufrimientos o desacuerdos.

Recibimos instrucciones específicas de Jesús para no juzgar ni condenar, sino para perdonar y dar. Él dice que cualquier cosa con la que midamos a los demás será la cantidad que recibiremos.

Dios tiene la expectativa de que nosotros actuemos con respeto hacia otros. Poner las necesidades de los demás a la par de las nuestras, es amar los demás como Cristo manda.

La Biblia muestra muchos ejemplos de cómo Dios nos acepta y cómo debemos reconocer a los demás. Jesús fue un ejemplo perfecto de aceptar a otros, sin importar su pecado o sus decisiones. Él extendió gracia y cuidado a muchos. Somos llamados a hacer lo mismo.

Aceptar y amar como Dios ama, no significa que aceptemos comportamientos destructivos. Debemos tener precaución al permitirles entrar en nuestras vidas. Sin embargo, es obligatorio mostrar respeto a los más pequeños.

Tratar a los demás como queremos ser tratados, es el fundamento de nuestras conexiones con los Conocidos Casuales. Continuar viviendo el carácter de Dios a través de nuestras vidas nos hace crecer en nuestras relaciones con el Círculo Social.

Los Espíritus Afines muestran dignidad el uno al otro para ver lo que Dios está haciendo en y a través de ellos. La Familia Por Siempre nos recuerda la benignidad y nos desafía a mostrar eso en cada conexión.

El respeto no se gana, es dado. Dado en porciones piadosas sin límites, cuidando a los demás y su bienestar sin requerir nada a cambio, solo porque nuestro respeto viene del Señor mientras vivimos nuestras vidas con integridad.

Representantes de Cristo

Faltar el respeto a los demás es devaluar a aquellos a quienes Dios ha creado. Hacerlo con creyentes, es deshonrar una parte del cuerpo de la iglesia. Para un no creyente es falta de amor y no muestra que Cristo vive en nosotros.

Respetar a otros es un reflejo del amor de Dios. Somos diferentes y llamados a amar a los demás de manera distintiva. Dios valora la vida sin medida. Cuando respetamos a otros, estamos viviendo el carácter de Dios.

A menudo olvidamos cómo respetar a los demás cuando constantemente nos enfrentamos a alguien duro e hiriente. Al ser irrespetados por alguien cercano a nosotros, comenzamos a construir muros fortificados a nuestro alrededor.

Debo recordarme respetar a todas las personas de Dios, sin importar el trato que haya recibido. No tengo control sobre las acciones de otros, solo sobre mi propio dominio.

Las maneras fundamentales para ser respetuoso con todos se resumen en ser benignos, corteses y amables. Los modales básicos de decir "por favor" y "gracias" les hacen saber a los demás que los valoramos.

Los Conocidos Casuales

Los Conocidos Casuales son el grupo al que debemos recordar, apreciar y mostrar consideración. A menudo pasamos por alto su presencia sin siquiera notarlos. Sin embargo, es momento de empezar a reconocerlos.

En el juego, los jugadores de primera y tercera base muestran aprecio mutuo cuando realizan jugadas independientes. Ellos entienden el valor de cada jugador en el campo y reconocen la importancia de trabajar juntos como equipo.

Aunque quizás no estén en comunicación directa como

otros miembros del equipo, los Conocidos Casuales son igualmente parte integral del conjunto.

Respetar a los Conocidos Casuales implica aceptar a todos, incluso cuando son diferentes a nosotros o no compartimos opiniones sobre temas sociales.

Si vemos a cada persona como parte del equipo de Dios, entonces debemos respetarlos por lo que son. Tratar a las personas con dignidad significa reconocer su valía. Respetar los límites que otros establecen en sus vidas y los que nosotros mismos creamos, también es una muestra de respeto.

A menudo, los cristianos pueden ser críticos hacia aquellos que no comparten sus creencias. Es doloroso ver a cristianos proclamando que Dios odia a las personas por sus pecados.

Sin embargo, Dios no odia a las personas. Jesús abrazó a cada individuo, independientemente de sus pecados; nunca los odió. Dios aborrece el pecado, pero ama al pecador.

Al aceptar a las personas en diferentes etapas de la vida, con diferentes niveles económicos, o que eligen el mal sobre la fe, estamos amándolos como Cristo nos mandó amar.

Mostrar respeto a este grupo es representar a Cristo, defendiendo a aquellos que no pueden defenderse por sí mismos.

Respetar a Dios por encima de todo, no uniéndonos a sus decisiones,sino hacerles saber que son creados a imagen de Dios.

Mostrar paciencia y benignidad es reconocer la dignidad de los demás. Aunque no siempre nos traten como deseamos, como hijos de Dios debemos tratarlos como desean ser tratados. A veces, recordarles cuánto valor tienen ante los ojos de Dios puede cambiar una conversación perturbadora.

Cada persona con la que nos encontramos aporta valor a nuestra conexión. Incluso con aquellos a quienes apenas conocemos, una sonrisa y una palabra alentadora pueden demostrarles que son valorados.

Es posible que no siempre tengamos la paciencia para

aquellos que no nos muestran respeto, pero con la ayuda del Espíritu Santo podemos amarlos de todas formas.

Durante uno de los viajes misioneros con mi esposo, fuimos invitados a la casa de una madre joven. Ella expresó cuánto honor sentía al tenernos en su hogar y nos ofreció postres que había preparado. Al final de la visita, nos pidió que oráramos juntos. Su oración estuvo llena de agradecimiento y peticiones por nuestra seguridad en el viaje. Estaba compartiendo el amor de Jesús con un grupo de personas que probablemente nunca volvería a ver. Esta madre joven era una representante de Cristo, y nosotros fuimos alentados por su vida.

El Círculo Social

Nuestro Círculo Social usualmente crea un nivel de respeto mutuo. Se demuestra para aquellos que están en una posición de autoridad en el trabajo, la iglesia u otra actividad social.

Los jardineros se comunican constantemente y trabajan juntos. Su nivel de cortesía está basado en la jerarquía del jardinero central, que es el capitán del jardín.

Las responsabilidades específicas de los jardineros son honradas por cada jugador. Ellos aceptan la posición y las tareas particulares del uno del otro.

En nuestro Círculo Social, excavamos más profundo para conocernos mejor. Si estamos cómodos con nosotros mismos, invitamos a los demás para que se acerquen.

Mostrar interés el uno al otro, nos permite saber si podremos profundizar en esta relación. Nos ayudamos a conocernos y tener más información sobre las diferencias. Comenzar conversaciones acerca de nuestras vidas, nos ayuda a aprender sobre las diferencias sin suposiciones.

Sé un modelo a seguir para las personas en tus grupos de trabajo o voluntarios. Muéstrales cómo valoramos nuestras creencias y cómo respetamos las suyas. No podemos demandar respeto por nuestros valores si no les demostramos que respetamos sus puntos de vista, sin estar de acuerdo pero escuchando con atención y preocupación.

Las personas en este grupo son aquellos con quienes no compartimos libremente nuestras cargas. Escuchamos cualquier cosa que ellos quieran compartir. Nuestra muestra de respeto hacia ellos es no compartir con otros lo que ellos nos dijeron.

Escuchamos y mantenemos nuestras respuestas simples para honrar sus sentimientos y necesidades. Ellos no tienen que saber todo lo que estamos pensando. El respeto dentro del Círculo Social no siempre se da libremente. La conexión puede volverse más profunda si somos vulnerables y generosos con nuestra relación.

El Espíritu Afín

Los Espíritus Afines asumen la responsabilidad de honrarse mutuamente. Tratan a los demás con benignidad y consideración.

Los dos jugadores que están dentro del cuadro fomentan un respeto por las habilidades del otro para poder trabajar juntos. Sus actividades en el campo son respetuosas, como sus movimientos durante los doble plays, lo que permite a los demás ser auténticos en la responsabilidad para la jugada.

Su asociación funciona bien porque admiran la calidad de las habilidades del otro. Sus expectativas están basadas en la admiración que tienen el uno por el otro.

Con nuestros Espíritus Afines es apropiado desafiar su comportamiento irrespetuoso. Se espera un nivel de respeto mutuo en este nivel de conexión. Requiere entender al otro, nuestras diferencias, fortalezas y debilidades.

Progresamos en nuestra relación común de valores pero no escapamos de los desafíos. Nuestros límites son respetados, pero nos inspiramos el uno al otro a crecer.

Tenemos un cuidado profundo el uno por el otro y estamos

preocupados por el impacto que tenemos en nuestras vidas. Respetamos cómo el otro quiere ser tratado, de manera diferente al Conocido Casual y al Círculo Social, porque es una respuesta mutua.

Es primordial ser cuidadosos para no dañar nuestra relación. Cuando estamos en desacuerdo, lo comunicamos con palabras benignas.

Preservamos las promesas que nos hacemos mutuamente porque hacer promesas en última instancia no otorga respeto. Cumplir las promesas sí lo hace.

Las personas en este grupo son aquellas con quienes compartimos nuestras cargas. Respetamos los límites de compartir nuestra información a los demás.

Estas conexiones te respetan al reconocer tus necesidades personales, no compartiendo tus asuntos.

Podemos escucharlos sin volcar todas nuestras cargas sobre ellos de inmediato. Los Espíritus Afines saben que tendrán una oportunidad para contribuir a la conversación cuando sea apropiado.

Las respuestas entre nosotros son honestas y alentadoras. No tenemos que arreglar sus problemas ni ellos tienen que mejorar nuestras situaciones tampoco. La mayoría del tiempo, el respeto se comparte.

La Familia Por Siempre

Nuestra Familia Por Siempre hace fácil el tratar a otros como queremos ser tratados porque realmente lo hacen. El respeto es común y mutuo en esta conexión.

Cuando escuchamos las entrevistas después de los juegos del lanzador y el receptor, entendemos su respeto extremo el uno por el otro. Estos compañeros mantienen su integridad y se elevan el uno al otro. Luchan juntos durante y después del juego.

Confían en sí mismos y en la relación que tienen juntos.

Invertir en el crecimiento y éxito es un hábito durante cada juego. Se dan más que cualquier otro jugador en el campo.

Nuestra Familia Por Siempre tiene nuestro mayor respeto. Ir más allá y dar más de lo que recibimos, nos honramos el uno al otro con la forma en que nos servimos. Hablamos la verdad, rociada con gracia y misericordia.

Modelamos comportamientos entre nosotros que nos desafían a liderar a otros en una dirección positiva de respeto. Mantenemos las promesas del otro porque no nos atreveríamos a retractarnos de una.

Invertir en nuestra Familia Por Siempre es nuestro deber principal para honrar a quienes obran para nosotros y cuánto han invertido en nosotros. Seamos honestos y llenos de tacto, mientras continuamente les apuntamos a Jesús.

Pelean la buena batalla el uno por el otro en asuntos críticos. Siempre comparten la admiración que tienen el uno por el otro de forma exagerada.

Cuando hay un plan para juntarse, llegan temprano o justo a tiempo. Hay un entendimiento de la importancia de sacrificar el tiempo para estar en compañerismo.

Reconocer que cuando cometemos un error o somos irrespetuosos, pedimos perdón de una vez. Somos gente desordenada, aún en la Familia Por Siempre.

Recuerden, con todas estas conexiones los sentimientos importan. Necesitamos ser conscientes de lo que decimos y cómo lo decimos.

El silencio no siempre es bueno cuando alguien quiere ser escuchado. Siempre sonríe. A veces una sonrisa puede cambiar completamente el día de alguien. Mostrarles el amor de Cristo a través de nuestro respeto, es primordial para construir relaciones amorosas.

Abogar por los demás demuestra nuestro respeto al tratarlos como nos encantaría ser tratados. Si nos esforzamos en vivir el carácter de Dios, presentamos un comportamiento semejante a Cristo, apreciando a los demás como seres santos hechos a imagen de Dios, y respetando su dignidad.

El respeto mutuo puede construirse con cada uno de estos contactos. Se basa en el entendimiento de nuestras diferencias y en amarnos aún más. Mostrar a otros su significado y propósito los va a apuntar a Cristo. Somos representantes de Cristo.

★ ★ ★

LAS NUEVE CUALIDADES FUNDAMENTALES #8

Confiable

La confianza es un elemento crucial en las relaciones amorosas, y ser confiable, debe ser una prioridad cuando estamos construyendo relaciones sanas.

Ser confiable significa ser honesto y digno de confianza. El amor digno de confianza emana de un carácter confiable, fiable y honesto.

Cuando comencé a escribir esta sección me bloqueé. No podía captar el concepto debido al dolor del pasado. Estaba luchando con recuerdos de confianzas rotas. Me comuniqué con mi comunidad de Facebook y les hice dos preguntas.

¿Qué te ha hecho perder la confianza en alguien? ¿Y cuáles son las cualidades de alguien en quien confías? Sus respuestas fueron de mucha ayuda.

Sus comentarios fueron tan profundos como conmovedores. La razón principal para perder confianza en alguien es la mentira. Algunas personas mienten sin preocuparse de cómo nos afecta cuando se descubre la verdad.

Las personas también mienten sobre nosotros haciendo afirmaciones falsas, derribándonos y dañando las perspectivas que otros tienen de nosotros. Alguien compartió que creía que las mentiras estaban basadas en el orgullo.

Luego, se produce una ruptura de confianza cuando una persona comparte información confidencial sobre nosotros. Digamos que compartes con un amigo que el comentario de alguien te ofendió. Ellos van a esa persona y comparten lo que dijiste.

Algunos comparten que la iglesia les ha herido, algo que muchos de nosotros hemos experimentado cuando alguien de la familia de Cristo rompe nuestra confianza. La confianza es frágil.

Es la piedra angular para la estabilidad, la transparencia y el respeto. Ser confiable requiere compromiso. Cuando nos comprometemos a ser confiables de forma consistente, decidimos rendir cuentas por lo que hacemos y lo que decimos.

Tuvimos a alguien muy cercano a nosotros que traicionó nuestra confianza. Esta persona se aprovechó de nuestra generosidad y amor. Las mentiras y decepciones fueron cubiertas con más mentiras.

Ellos usaron versículos de la Biblia para orar por los errores de otros. Culparon a otros, pero los encontré apuntando en la dirección equivocada. Nunca admitieron que habían mentido.

Nuestra confianza fue quebrantada. No pensé que pudiera confiar en alguien jamás. Si alguien tan cercano pudo lastimarnos de esa manera, ¿qué podrían hacer las personas que no estaban tan conectadas?

Hice de tener precaución un hábito. Hacer suposiciones y acusaciones cuando las personas no habían hecho nada se convirtió en mi respuesta.

Las Personas Hieren

Muchos de nosotros hemos experimentado el dolor causado por personas cercanas, incluso dentro de la iglesia.

A menudo encontramos personas que no exhiben esta cualidad siempre. Muchos, a los ojos del público, han sido deshonestos e irresponsables. Sus acciones nos hacen retirarnos y dudar de todos.

A las conexiones engañosas les falta integridad. No se comprometen con sus valores ni creencias. Otros pueden dar forma a la falta de confianza en nuestras vidas, o podemos decidir aprender a identificar pistas de los hábitos de las personas confiables que pasan por nuestras vidas.

Las personas que deciden ser honestas y responsables nos ayudan a crecer en nuestra cualidad personal de confianza.

La confianza se destruye cuando sentimos que alguien nos menosprecia o nos habla con desprecio, faltándonos al respeto. El daño ocurre cuando nos sentimos traicionados.

Cuando dejamos caer una vasija de alto precio que se rompe en millones de pedazos, pensamos que jamás podremos repararla. Quizás nunca volverá a ser igual, pero se puede reemplazar con otra.

Cuando nuestra confianza es mal manejada, se siente como si estuviera irreparablemente dañada, pero cuando dependemos de Dios, podemos ser la persona que construye confianza con los demás y con aquellos que han roto nuestra confianza.

Oportunidades diversas

Ser confiable depende de la verdad: la Verdad de Dios y la honestidad del uno con el otro que le da a nuestras conexiones un lugar seguro para sentirse entendidos y protegidos del daño. Es un lugar donde nos sentimos protegidos.

En nuestro primer año de béisbol profesional, David era un

entrenador novato. La mayoría del equipo eran jóvenes jugadores hispanohablantes.

Arrojados a situaciones que no les eran familiares, muchos ni siquiera habían viajado en avión. La mayoría no hablaba inglés. Había situaciones en las que se quedaban en un hotel y experimentaban por primera vez agua del grifo e inodoros que funcionaban. Las comodidades modernas que nunca pensamos que serían nuevas para ellos.

Los jóvenes estaban ganando más dinero del que sus familias habían visto en toda su vida. Aún me asombro compartiendo esto ya que en ese momento los jugadores estaban ganando poco en comparación con otros jugadores de más tiempo.

No podían abrir cuentas bancarias con sus visas de trabajo, así que iban a casas de cambio para cambiar sus cheques, las que les cobraban un gran porcentaje. Y mandaban dinero por divisas para que sus familias pudieran comer. Sacrificaron mucho por sus familias.

Nuestros corazones se quebrantaron por los jugadores en un país nuevo, sin mucho entendimiento del idioma y el estilo de vida.

Tomamos tiempo para invertir en ellos, ayudarlos y amarlos. Siendo fiables, construimos confianza con ellos mediante el respeto mutuo, y nuestra familia beisbolera creció.

Nuestro amor por esos jóvenes creció mientras vivíamos en sus países y veíamos la lucha que enfrentaban en su vida diaria.

Muchos años después, nuestro hijo del medio se convirtiò en un entrenador de habilidades mentales. Él habla español con fluidez y trabaja con jugadores que son nuevos en los Estados Unidos. Debido a su comprensión de los países y las culturas de los jugadores, estos dependen de él para orientación.

Como madre, estoy muy orgullosa de Charley. Él busca lo

mejor para los jugadores hispanohablantes. Él escucha y es consciente de sus sentimientos mientras es honesto y les anima a superar los obstáculos y tener éxito.

Tener confianza cuando nos comunicamos con otros, ejemplifica nuestra confianza en el Señor. Podemos contar con Él cien por ciento del tiempo. Cuando ponemos nuestra confianza en Dios, podemos confiar en nosotros mismos. Él es el único que no nos va a decepcionar porque siempre tiene nuestro bien en mente. Jesús es Perfecto. Las personas no tanto.

Podemos tener fe en que podemos superar cada situación. Cuando somos conscientes de nuestros pensamientos, nos ayuda a expresarlos con amor.

No se puede subestimar la seguridad de que estamos ahí para alguien. Hablar palabras de verdad con gracia, les asegura a los demás que nos preocupamos por sus mejores intereses.

El gran contenedor de reciclaje

El béisbol es como un gran contenedor de reciclaje. Todos somos arrojados al contenedor y recogidos por otro equipo. Muchas veces nos encontramos trabajando con miembros del mismo equipo con los que previamente habíamos trabajado. Si estamos en el béisbol el tiempo suficiente, nos encontramos con las mismas personas.

Sentado afuera del clubhouse, un jugador se acercó, mirando el suelo. Las venas en su cuello eran visibles, frunció los labios con la cara roja. Le llamé por su nombre y se volteó. "No te había visto", dijo.

Le pregunté si estaba bien. Sacudió la cabeza rápidamente. Le indiqué que se sentara conmigo en el banco.

Comenzó con acusaciones y suposiciones sobre un entrenador que lo había reprendido por cómo jugó ese día. Le permití desahogarse por un rato. Levantó sus manos y se quejó sobre la experiencia y su deseo de confrontar al entrenador.

Cuando terminó, le pedí que me permitiera compartir algo con él. Se encogió en el banco pero me miró a los ojos.

"Amigo, no quemes puentes. Este juego es como un contenedor de reciclaje. Verás de nuevo a ese entrenador. Si no este año, dentro de unos cuantos. Dios está en control. Compórtate como el hombre que Dios necesita que seas."

Unos años después me encontré con ese jugador en una escalera detrás del estadio. Estaba trabajando en la oficina frontal de un equipo diferente.

Después de abrazarnos y actualizar nuestras vidas familiares, me dijo: "Quiero agradecerte". Me recordó nuestra conversación y cómo le ayudó a rendir cuentas en el juego.

Efectivamente, estaba trabajando con el mismo hombre del que se había quejado unos años antes. "No es tan malo", dijo, mientras me contaba cómo era trabajar juntos. "Estoy tan agradecido de no haber quemado ese puente."

Cuando nos encontramos con personas que rompen nuestra confianza nos duele el corazón, pero no debe cambiar nuestra perspectiva de hacer lo correcto.

Convertir rivales en aliados es posible cuando amamos a los demás, comenzando con integridad y honestidad. Ser digno de confianza encuentra favor ante Dios y ante los hombres

Como creyentes, debemos rendir cuentas a Jesús. Las personas pueden volverse en nuestra contra. Debemos tener dominio propio y no hacer nada que vaya en contra de Dios.

Mostrar confiabilidad a nuestros Conocidos Casuales requiere que abracemos las oportunidades diversas y depender primero de la verdad en todas nuestras relaciones. En nuestro Círculo Social, debemos recordar ser consistentes de que todos estamos en un contenedor de reciclaje.

Ser consistentes en nuestra honestidad y cuidar a los

Espíritus Afines. Siempre cumplir las promesas y ser honestos con nuestra Familia por Siempre.

Las personas de confianza hacen que el mundo sea un lugar donde Dios es evidente. Estas conexiones en nuestras vidas son importantes, pero tenemos que ser un ejemplo.

Nada Malo que Decir

"Exhorta asimismo a los jóvenes a que sean prudentes; presentándote tú en todo como ejemplo de buenas obras; en la enseñanza mostrando integridad, seriedad, palabra sana e irreprochable, de modo que el adversario se avergüence, y no tenga nada malo que decir de vosotros."

Tito 2:6-8 RVR 1960

Pablo escribió a Tito, un creyente griego que se destacó entre los líderes de la iglesia en Jerusalén como un ejemplo vivo de lo que Cristo hacía en las vidas de los gentiles. Tito era un compañero de viaje confiable y uno de los amigos más cercanos a Pablo. Pablo había invertido tiempo y un cuidado especial en Tito, hasta convertirlo en un cristiano maduro y un líder responsable, haciendo el bien por el evangelio.

Las personas acudieron en masa para escuchar las enseñanzas de Pablo. Él sabía que necesitaba ayuda para animar, disciplinar y enseñar a las iglesias cuando él no estuviera.

Así que entrenó a líderes jóvenes para asumir esta tarea. Su carta a Tito era un paso en su proceso de discipulado.

Lo más probable es que las lecciones que él enfatizó en la carta fueran algunas de las lecciones que enseñaba a Tito. Aquí, Pablo escribe sobre cómo ser confiable. Hace hincapié en alentar a los jóvenes a tener dominio propio. El consejo era esencial para la cultura griega. Los hombres creían en ese entonces que ser esposo y padre era un rol funcional, no un rol de crianza.

Ignoraban las responsabilidades que debían tener hacia sus familias. Los hombres que son buenos ejemplos de Cristo al cuidar a sus familias son modelos importantes. Tenían que aprender a negar las pasiones impías y mundanas.

Pablo animó a Tito a ser un excelente ejemplo para que otros pudieran ver e imitar sus buenas obras. Ser reverente, no calumniar a otros, y enseñar lo que es bueno tendría un impacto más significativo que sus palabras.

Le dijo a Tito que no criticara a las personas cuando enseñara la Palabra de Dios. Estudiar la Biblia y escuchar antes de hablar, prepara el terreno para enseñar la justicia moral.

Pablo exhortó a ser amables y dignos de respeto, firmes en la fe, el amor y la perseverancia. Urgió a Tito a hacer que las enseñanzas de Dios fueran atractivas.

Debido a la honestidad y la rectitud de Tito, no podía ser condenado. Las personas que se oponían a él no tendrían pruebas. Una buena vida es un testimonio del poder del evangelio.

A lo largo del libro de Tito, vemos la confianza de Pablo en Tito y viceversa. El proceso de discipulado comienza con la confianza entre los dos involucrados, siendo cada uno digno de confianza.

Confiar en Dios

Para ser confiables, debemos confiar en Dios primero. El libro de Proverbios nos dice que confiemos en el Señor de todo nuestro corazón. También nos da buenos consejos sobre cómo lograrlo. No debemos depender de nosotros mismos.

Cuando confiamos en Dios, rendimos nuestro conocimiento y dependemos en sus planes. Encontramos en las

Escrituras que Él es confiable y constante. El Señor es totalmente incapaz de ser menos que digno de confianza.

Clamar al Señor ocurre cuando rendimos todo a Él en respuesta a nuestra confianza. La oración es la vía para nuestros clamores al Señor. A través de la oración, entregamos el control a Él.

Debemos confiar en Dios, pero ¿comprendes que Él también confía en nosotros? Dios nos ha confiado el evangelio. Envió a su Hijo para el perdón de nuestros pecados.

Dios no quiere que guardemos ese conocimiento para nosotros mismos. Él confía en que podamos compartir Su amor con los demás.

Una persona que confía en el Señor es como un árbol plantado junto a las aguas, sobreviviendo cuando hay sequía. Sus hojas permanecen verdes, y sigue dando fruto. Nosotros también florecemos cuando confiamos en Dios.

Vemos en el Antiguo Testamento que José era arrogante en su adolescencia. Aprendió humildad y sabiduría a través de sus experiencias de esclavitud y encarcelamiento. Su vida no era fácil ni estaba libre de problemas, pero continuó trabajando duro.

José confiaba en Dios a pesar de lo difícil que se volvió su vida. Tenía el don de interpretar sueños, y habría de interpretar uno para el Faraón. La sabiduría de José era tan grande que el Faraón lo puso a cargo de todo Egipto. Con la previsión de una hambruna, almacenó comida.

Cuando sus hermanos vinieron a Egipto buscando grano para no morir de hambre, fue su hermano, a quien habían vendido como esclavo, quien los salvó.

José confiaba en Dios a través de todo y se convirtió en el salvador de las doce tribus de Israel, utilizando la sabiduría y los dones de Dios.

Se nos han confiado talentos y dones de Dios. Si tenemos el don de cantar, usarlo solo para armonizar en la ducha sería esconder el don. La sabiduría dada por Dios debe compartirse para ayudar a los demás a acercarse a Él.

Un amigo cercano que puede aconsejar con entendimiento y conocimiento de la Palabra de Dios, viaja por todo el mundo para ayudar a quienes han pasado por situaciones traumáticas. Dios le ha encomendado esa obra.

El don de hablar la Palabra de Dios, compartir su amor y ser alguien en quien se puede confiar, son todos talentos que Dios da.

Cuando alguien nos traiciona, nos enojamos. En medio de esa ira cuestionamos a Dios, nuestra confianza en Él y en las personas falla. La vida de José nos muestra que debemos continuar confiando en Dios durante todas nuestras luchas.

Debemos continuar haciendo lo correcto, usando los dones que Dios nos ha dado y esforzándonos por ser confiables, para que Dios pueda seguir usándonos, para que brillemos Su luz, siendo fieles y constantes.

Pablo usó a Timoteo como alguien con las cualidades de una persona confiable. Lo vio en acción y creyó que era digno de respeto y reverencia por la Palabra de Dios.

Timoteo provenía de un hogar piadoso. Su madre, Eunice, y su abuela, Loida, eran judías creyentes que le enseñaron acerca de Jesús. Timoteo se convirtió en un compañero muy cercano de Pablo y el pastor de la iglesia en Éfeso. Enfrentó muchos desafíos en la iglesia y la comunidad. Para animarlo, Pablo le envió dos cartas.

En la primera carta, Pablo le da consejos paternales, instando a aferrarse a su fe en Cristo. Continuó enseñándole cómo entrenar a otros en la piedad. La piedad tiene valor para todas las cosas, instrucción contra las enseñanzas falsas y cómo nuestra vida espiritual se nutre por la palabra y la oración.

Contar con nosotros

Ser un ejemplo para otros en comunicación, comportamiento,

amor y fe son hábitos que producen confianza en otros. Debemos ser fiables y consistentes para que otros puedan contar con nosotros.

Para llegar a ser confiables debemos estar firmes en Jesús, siguiendo nuestras conciencias y dependiendo de la Palabra de Dios para crecer en sabiduría y conocimiento.

La confianza puede crecer cuando consistentemente tenemos el valor de hacer lo correcto. Ser sincero y franco, presenta un espíritu de vulnerabilidad en nuestras acciones.

Dios desea que nos conectemos con nuestros Conocidos Casuales al vivir Su Verdad. En nuestro Círculo Social debemos emular Su Santidad al no participar en chismes u otras actividades pecaminosas.

Con los Espíritus Afines debemos ser los mismos día tras día, glorificándole a Él en nuestras relaciones. La Familia Por Siempre continúa viviendo en Su Sabiduría y entendimiento de las conexiones.

Dios es Confiable y nos confía las cosas que le van a traer gloria a Él. No hay excusas para que los creyentes no crezcan en la responsabilidad de ser confiables.

Ser Confiable

Cuando pregunté en Facebook sobre las cualidades de una persona confiable, la primera respuesta fue honestidad, decir la verdad incluso cuando duele y ser transparente.

Luego compartieron otras cualidades como ser quienes dicen ser, ser consistentes y mantener la información confidencial.

Aprender las maneras de amar a otros siendo confiable, comienza con la honestidad. La verdad, incluso cuando no es bien recibida, es vital para que otra persona sepa que pueden contar con nosotros.

Vivir con integridad muestra a los demás que somos quienes decimos ser. A veces las palabras nos elevan a un punto en el que no podemos cumplir las expectativas. Mantenerlo "real" construye la confianza mutua.

Las personas dignas de confianza son fiables. Mantenemos la palabra dada a otro. Las cosas compartidas en confidencia siempre deben permanecer confidenciales a menos que la otra persona sufra abuso o daño.

Una persona muestra vulnerabilidad cuando nos pide oración. El Señor es el único lugar donde debemos llevar esa petición. Las peticiones de oración deben incluirse dentro de las normas de confidencialidad.

La autenticidad comparte nuestro verdadero carácter con los demás. Acepta tu autenticidad porque solo hay uno como tú. Dios nos ha creado tal como somos, no para ser lo que otros quieren que seamos. Debemos aprender a ser confiables en cada una de las cuatro relaciones.

Conocidos Casuales

Los Conocidos Casuales usualmente no tienen suficiente tiempo juntos para construir confianza. Podemos determinar si podemos depender de alguien para ayuda temporal según la manera en que los percibimos.

En el campo de béisbol, los jugadores de la primera y tercera base se evalúan mutuamente en las jugadas en las que interactúan. ¿Cubrirán el terreno necesario para ayudar con una bola bateada corta? Un toque de bola es cuando un bateador acorta su swing para golpear suavemente la pelota y hacerla rodar por la línea de primera o tercera base.

Si la pelota se desliza por el centro, el primera y tercera base se apresuran por igual para alcanzarla. Ellos deciden quién retrocederá y realizará la jugada durante ese tiempo.

Escuchan pistas para asegurarse de que mantienen al otro jugador a salvo, confiando en el otro y las decisiones que toman en la jugada.

Las personas con las que estamos en contacto al pasar deben ver nuestra integridad en cada cosa que hacemos en público. Encarnamos nuestros valores, construimos puentes que unifican y son sinceros.

Las personas confiables protegen a los más vulnerables, haciéndolos sentir seguros. Una actitud positiva hacia ellos muestra el gozo del Señor.

Hacer lo correcto está en primer lugar en nuestros corazones cuando se trata de los Conocidos Casuales. Mostramos empatía y respeto.

A la madre en un avión, a un hombre anciano con problemas al cruzar la calle, y en un taxi con el chofer que tiene un mal día, todas son oportunidades para mostrar bondad.

Dar nuestra atención plena a las personas que encontramos les ayuda a sentirse cómodos. Manteniendo nuestros oídos abiertos para escuchar sus historias, mirándolos a los ojos y respondiendo con amor.

La bondad es vital. Preguntarles cómo les va les permite probar cómo respondemos y lo que pueden compartir. Usualmente no hay suficiente confianza para compartir pensamientos profundos, pero he visto que sucede.

Me sorprende cuán a menudo ocurre que comienzo con preguntas superficiales y la persona comienza a derramar su corazón. El amor de Dios a través de mí les permite abrirse para compartir.

Círculo Social

Nuestro Círculo Social es donde podemos comenzar a generar confianza. En este grupo podemos probar diferentes cosas, incluso cuando se hace difícil. Una vez más, la honestidad es vital.

Los jardineros en el béisbol contribuyen a las jugadas del otro. Generan confianza respaldándose mutuamente cuando la pelota alta va hacia un jugador específico. Confían en ese jugador para ejecutar, pero están cerca por si necesita ayuda.

Se apoyan mutuamente en todo el jardín. El jardinero central, siendo el capitán, asume la responsabilidad de cubrir la mayor parte del jardín central. Muestran a los otros jugadores que saben como atrapar una pelota retrocediendo dentro de su territorio.

Ser un ejemplo en hablar, en comportamiento, amor y fe, es nuestra meta para ser considerados confiables en nuestro Círculo Social.

En este grupo, nuestro sí es un sí y nuestro no es no. Cumplimos lo que decimos que haremos y completamos la tarea. Si nos dan una fecha límite en un proyecto, cumplimos con ese compromiso.

Creamos oportunidades para que otros sobresalgan y mostramos que somos confiables. Contribuimos en proyectos sin buscar halagos. El autocontrol es parte de la autenticidad.

Cuando Dios nos llama a una tarea puede ser que ya haya otros sirviendo en esa área. No significa que no haya espacio. Él abrirá un camino.

Para estas conexiones el apoyo mutuo es una señal clara de que somos confiables. Acciones como el llegar a tiempo y ser consistentes, les muestra que pueden depender de nosotros.

La confidencialidad es esencial en el Círculo Social. Compartir los secretos de otros es chisme, incluso cuando se dice "vamos a orar por ellos".

La Familia Por Siempre

Con la Familia Por Siempre confiamos sin dudar. Creemos en ellos incluso cuando ocurren inconsistencias o parecen demasiado increíbles.

El lanzador y el receptor confían más allá de la medida. Tienen el nivel más profundo de confianza en el terreno de juego. El lanzador depende del receptor para dirigir el juego hacia el éxito. Depende de él para enmarcar las bolas lanzadas, para que parezcan strikes si están cerca de la zona de strike.

Se exigen responsabilidad mutua para lograr el mejor resultado en el terreno. La confianza se profundiza cuando un lanzador lanza un juego perfecto, un juego sin hits, o cuando el receptor utiliza la consistencia en el desempeño del lanzador para hacer sugerencias en las bolas lanzadas. Son dependientes el uno del otro.

Nos preocupamos profundamente por nuestra Familia Por Siempre. Hay un sentido de seguridad que va más allá del confort. Ellos son completamente confiables y el chisme entre ellos nunca ocurre.

Los límites estrictos de información están establecidos y los secretos se guardan. La confidencialidad siempre se mantiene.

No hay duda sobre a quién pueden acudir cuando hay necesidad. Confiamos mutuamente en la oración. Protegemos el evangelio en nuestra relación y compartimos nuestros talentos y habilidades.

La Familia Por Siempre confía en el Señor. Sus miembros son confiables y mantienen la confianza mutua. Se respeta la transparencia para que sepamos que siempre podemos contar el uno con el otro.

Si ocurre alguna herida, se produce un arrepentimiento rápido. Nos arrepentimos del mal que hicimos, confesamos nuestro error y guardamos la promesa de nunca permitir que suceda de nuevo.

Los temores son compartidos con la confianza de que la otra persona los respetará. Somos quienes decimos qué somos y nuestras acciones lo demuestran.

Ellos respaldan y protegen. Confiar en nuestra Familia Por Siempre más que en cualquier otra relación es el resultado de nuestra confiabilidad.

La confianza depende de nuestra fe y cómo la vivimos con esta relación.

El gozo del Señor penetra nuestra relación, confiando en Jesús primero y luego el uno en el otro.

Cuidarnos mutuamente y ser conscientes de los sentimientos, miedos y luchas del otro, ayuda a construir confianza.

Cumplen su palabra y guardan las promesas. Sus acciones van acorde con sus palabras.

Solo podemos ser confiables si hemos ganado la confianza de otros y ellos comienzan a creer en nosotros. Es entonces cuando nuestras conexiones crecen.

Las frases de confianza

Hay tres palabras que aprendí más adelante en la vida que ayudaron a generar confianza en las relaciones, desde el trabajador en el kiosko de comida hasta mi familia. Esas tres palabras son "yo no sé."

Muchas veces sentí que debía tener todas las respuestas. No las tengo. Ninguno de nosotros las tiene. He actuado de forma habitual como si tuviera todas las respuestas a las preguntas bíblicas.

Cuando comencé a responder a aquellos que cuestionaban con un "no lo sé, pero puedo investigarlo", confiaron más en mis respuestas que si hubiera contestado rápidamente.

Otra frase que puede reconstruir la confianza cuando ha sido dañada es "me equivoqué". En etapas más tempranas en mi vida, admitir que estaba equivocada dio lugar a que otros se aprovecharan de mí en momentos de debilidad. Comencé a usar esta frase aprendiendo a confiar en que el Señor me cuidaría, lo que permitió que otros confiaran en mí.

Cuando tenemos la cualidad de la confiabilidad podemos

desarrollar relaciones amorosas porque los demás ven cómo hemos cambiado y su confianza en nosotros crece.

La confianza es un elemento frágil pero crucial en las relaciones amorosas. Seamos quienes Dios nos ha llamado a ser para que nadie tenga nada malo que decir de nosotros.

La importancia de ser fiable no puede ser subestimada en las relaciones amorosas. Requiere comunicación honesta e integridad.

No significa que seamos perfectos, pero muestra a los demás que amamos a Dios lo suficiente como para amarlos. Construir la confianza es un compromiso diario.

Mientras seguimos las enseñanzas bíblicas somos ejemplos para otros. Usamos nuestros dones espirituales para bendecir a otros. Ser diligentes en nuestra fe y agradecidos permite a los demás ver que somos confiables.

Confiar en Dios es el cimiento de nuestra habilidad para generar confianza en los demás. Al ser consistentes en nuestro cuidado del otro y honestos en nuestras relaciones, fortalecemos las conexiones que tenemos. Cuando construimos la confianza somos capaces de compartir nuestra fe y lo que Dios ha hecho en y por nuestras vidas.

No todo el mundo creerá, pero no tendrán nada que decir contra nosotros si nuestras intenciones son buenas.

★ ★ ★

LAS NUEVE CUALIDADES FUNDAMENTALES #9

Generoso

Dios es el Ser más generoso en dispensar amor. Mientras hemos abordado las primeras ocho de las Nueve Cualidades Fundamentales, hemos dirigido nuestro amor centrado en Cristo hacia los demás. La cualidad fundamental, la generosidad, comienza con el amor abrumador e infinito de Dios.

Amigo mío, Dios te ama. Él te creó en el vientre de tu madre. Cada detalle, cada cabello en tu cabeza, y el espíritu dentro de ti comenzó allí.

Sin importar las circunstancias de tu nacimiento o los resultados de las experiencias a lo largo de los años, eres único, especial y amado por un Dios Poderoso. Él no comete errores.

Fuimos hechos para glorificarlo en todo lo que decimos, hacemos y pensamos. Nuestro generoso Dios está listo para derramar todo Su amor sobre nosotros. Abre tus brazos de par en par y recibe todo lo que Él desea darte. La generosidad es el desbordamiento de Su amor y bondad. Ser de gran corazón es el resultado de Su bondad.

Está aquí para que lo tomes. Recíbelo en su máxima expresión.

Nuestra comprensión habitual de la generosidad es mostrar disposición a dar más de lo necesario o esperado. La abundancia en amar viene desde el centro de quiénes somos. El amor generoso da más afecto y ternura a otros de lo necesario.

Nuestras vidas en el béisbol pueden ser confusas; gran parte de nuestra vida cotidiana también puede ser confusa. En nuestro desorden encontramos un lugar donde Dios nos llama a amarnos unos a otros. No importa lo que hayamos experimentado, Él nos pide que amemos a los demás como Él los ama.

No puedo contar las mujeres con las que he estado en contacto en el béisbol. Desde las esposas y novias de los jugadores, los entrenadores y los empleados de la oficina frontal, hasta los que trabajan en el mismo estadio o en la seguridad. También hay muchos fanáticos que hemos encontrado a lo largo de los años.

El espíritu generoso del amor emana de muchos, pero algunos reciben más de lo que devuelven. Espero que a medida que hayamos aprendido los diferentes niveles de conexiones, podamos ser libres para amar y al mismo tiempo discernir la profundidad de cada relación.

Expresamos nuestra naturaleza generosa a través de nuestro tiempo, talentos y recursos, al priorizar las horas de nuestro día para servir con los dones que Dios nos ha dado en nuestro espíritu y con los bienes materiales que poseemos.

Dar y Recibir

Cuando hablo con las personas sobre la generosidad, a menudo se refieren directamente al dinero. Nuestras finanzas son una forma de ayudar. Dios nos llama a diezmar y a dar. Lo que una persona pueda ofrecer, quizás otra no.

Dar dinero surge del entendimiento de que de todos modos no es nuestro. Dios provee nuestros ingresos por lo que debemos compartir esos ingresos

Sé por experiencia que dar cuando no tenemos mucho es aterrador. El primer año que David tuvo una posición de entrenador en las grandes ligas fue el año de más carencias en nuestro matrimonio, desde el punto de vista financiero y espiritual.

El sueldo que él recibía no cubría todos nuestros gastos. Alquilamos un departamento en la ciudad donde él trabajaba mientras pagaba una hipoteca en otra ciudad.

Luego, los impuestos se duplicaron por vivir y trabajar en diferentes estados. No tenía idea de que había que pagar cuotas a los ayudantes del club de béisbol,por lo que nuestro presupuesto se vio afectado.

Cuando era tiempo de recibir nuestros cheques, las facturas apenas estaban cubiertas. Muchas noches, la única comida que tenía era la que sobraba de los platos de mis hijos.

Estábamos en una posición financiera difícil, y fue un peso en nuestro matrimonio. Pensar que tenía que dar algo de lo que quedaba de mi dinero me resultaba difícil de aceptar. La palabra dar no estaba en mi vocabulario. Pasar tiempo con personas que vivían de forma generosa, me enseñó que tenía más para ofrecer de lo que pensé al principio.

La esposa de uno de los novatos era una de las personas más generosas que había conocido. Pasaba tiempo con la gente, actuando como si fueran las personas mas interesantes del mundo.

Ella hacía una pausa con propósito cuando entraba en contacto con cada persona; su intención era mostrarles amor.

Sus brazos siempre estaban llenos de un abrazo o un pequeño obsequio de amor. Compartía un caramelo, una tarjeta de ánimo o incluso a una piedra para mostrar su preocupación y cuidado por ellos.

Una esposa veterana en el equipo invitó a todos al parque de recreo de su casa y proporcionó refrigerios para los niños y café para las madres. Lo más divertido fue verla traer su cafetera y todos los condimentos al parque. Dijo que así era más barato.

Era muy generosa con sus donaciones a las organizaciones en las que participaba su familia. Sabía dónde era fundamental invertir el dinero y no era tacaña.

Aprendí que lo que tenía para dar era mi tiempo. Yo ayudaba a las otras esposas con sus niños cuando necesitaban manos extras. Cuidar bebés era y sigue siendo mi especialidad.

También tenía talento para la hospitalidad. Organizaba estudios bíblicos en mi casa y les invitaba a traer picaderas. Yo servía agua. La esposa cafetera traía una bolsa de café. Proveía un lugar seguro para reunirse y compartir.

Durante este tiempo tuve que aceptar la ayuda cuando se me ofrecía. Se me daba bien ayudar a otras esposas con sus hijos, pero cuando se ofrecían a ayudarme no se me daba bien recibir.

Era mi responsabilidad cuidar a mis hijos. No quería poner esa carga en otros. Fue necesaria la severa evaluación de una amiga para sacudir mis pensamientos. Ella me dijo que estaba quitándole la oportunidad de servir a Dios.

Cuando decimos no al espíritu generoso de los demás, podemos obstaculizar lo que Dios les ha llamado a hacer. Aprender a aceptar ayuda no fue fácil, pero cuando comencé, las bendiciones que recibí al dar fueron inmensas.

Compartir Experiencias

Otro año, una compañera esposa era una maestra fantástica de la Biblia. Me senté a escucharla, en vez de asegurarme de que los niños estuvieran entretenidos y la comida estuviera bien servida. Recibí el mayor regalo de conocimiento y sabiduría de la palabra de Dios.

Pasar tiempo con personas que viven con un espíritu generoso es una excelente manera de aprender a ser generosos. Tomarnos el tiempo para estar en presencia de los necesitados nos ayuda a ver cómo podemos dar más de lo necesario o lo esperado.

David y yo hemos viajado con *Compassion International* a la República Dominicana para ver sus programas en las iglesias locales. Nos cambió la perspectiva de la ayuda extrema y cómo podríamos ayudar.

Otra parte complicada de la familia beisbolera incluye los asuntos de salud que llegan cuando menos se espera. Muchas veces, el resultado de una prueba o diagnóstico llega durante un juego. Nuestra sala familiar se convierte en tierra santa cuando nos reunimos alrededor de aquellos que recibieron las noticias o la experiencia.

Durante un juego, una de las esposas saltó de su asiento luciendo muy pálida. Me entregó a su niño pequeño y no dijo ni una palabra. Corrió a toda velocidad fuera de nuestra sección.

Unos días antes, ella había compartido que estaba embarazada de nuevo. Estaba un poco nerviosa por el momento pero muy contenta por la noticia.

Mi corazon dio un vuelco, pensando en lo que podría estar pasando. Cuando ella no regresó, algunos de nosotros fuimos a la sala familiar. Allí yacía en el sofá sollozando. La rodeamos. Las palabras no eran necesarias.

Le pusimos nuestras manos, alguien le agarró de la mano y una de las mujeres comenzó a orar mientras las lágrimas caían.

Algunas lloraban sin consolación, temerosas o agradecidas de no estar pasando por lo mismo. Las oraciones continuaban mientras el Espíritu descansaba en el corazón de cada mujer.

Cuando terminamos, las conversaciones eran ligeras mientras todas procesábamos a nuestra manera. Ella se quedó en el sofá abrazando a otra.

Cuando terminó el juego, nos quedamos en la sala familiar mientras nuestros esposos empezaban a aparecer.

La dulce muchacha que recibió las malas noticias fue al clubhouse mientras algunas se quedaban con sus hijos. Yo me fui con ella para apoyarla.

Sus pasos eran lentos. Poco a poco sus hombros se enderezaban y su cabeza se levantaba. Mientras nos acercábamos al área de seguridad, ella ya estaba lista para compartir las malas noticias con su esposo. Ella colapsó en sus brazos cuando él salió del clubhouse.

Yo me quedé a su lado durante esta experiencia porque sabía cómo se sentía. Yo había perdido bebés también. Derramar en ella el amor generoso cuando estaba necesitada, era todo lo que podía hacer durante este momento. Pero le era suficiente.

Difundiendo el Amor

Ser generosos en el amor es cuando nuestra actitud nos dirige hacia el amor. Podemos desbordar el amor que Dios ha derramado en nosotros, dispuestos a dar más de lo necesario con nuestro tiempo, talentos y recursos.

Cuando el huracán María devastó a Puerto Rico, los jugadores, entrenadores y la oficina frontal de los Pittsburgh Pirates colectaron más de 450,000 libras de suministros para las personas afectadas.

Fue un honor ser parte del grupo y ver a la ciudad de Pittsburgh unirse para derramar amor a las personas de Puerto Rico.

La meta era llenar un avión de carga con los suministros. Ellos excedieron su meta, duplicando las donaciones. Una pareja muy generosa con el equipo donó el dinero para pagar otro avión carguero. La generosidad de todos excedió las expectativas.

Si puedes dar, da; apoyar, apoya: donar, dona. Haz un compromiso para ser generoso.

Dispensa el amor libremente a los Conocidos Casuales tal como son, por el amor de Dios que vive en nosotros. Desborda generosamente amor y benignidad al Círculo Social para mostrarles el amor generoso de Dios. Dar y recibir ocurre libremente entre los Espíritus Afines y nosotros. Con nuestra Familia Por Siempre, nuestras experiencias compartidas rebosan de amor mutuo y hacia los demás.

Dios es Generoso en su amor por nosotros. En respuesta, somos generosos en el amor con otros. Oro cada día para que continuemos preguntándonos, ¿cómo podemos ser más generosos en el día de hoy?

Servir Humildemente en Amor

"Porque vosotros, hermanos, a libertad fuisteis llamados; solamente que no uséis la libertad como ocasión para la carne, sino servíos por amor los unos a los otros."

Gálatas 5:13 RVR 1960

Cristo murió para liberarnos del pecado y de una larga lista de leyes y regulaciones. Él nos ama tanto que vino a liberarnos. No somos libres para hacer todo lo que nos viene a la mente, porque eso nos llevaría a la esclavitud de nuestros deseos egoístas. Ahora podemos hacer lo que antes era imposible.

Podemos vivir de forma desinteresada y no ser tacaños. Nuestro servicio hacia los demás no es para ganar el amor de Dios y el favor de otros, sino para compartirlo.

El amor hacia los demás y hacia Dios, es la respuesta para los que han sido perdonados. Su perdón es completo. Aquellos que son perdonados mucho, aman mucho.

Pablo distingue entre la libertad para pecar y la libertad para servir a otros. Una licencia para pecar no es libertad, porque nos ata a la naturaleza de corrupción y vergüenza.

Los cristianos no deben aceptar el pecado, porque podemos hacer lo correcto y glorificar a Dios mediante un servicio amoroso hacia los demás.

La libertad espiritual nos redime del poder y la esclavitud del pecado para que podamos servir al Dios viviente y a su pueblo. Es la libertad del legalismo y del control de la carne para que podamos experimentar a Cristo.

Vivamos una vida de agradecimiento y una vida de querer hacer en lugar de una vida de obligación, dando gracias por una relación con Cristo en lugar de estar atados por la ley.

El Creador del universo, el Dios Todopoderoso, nos ama tanto. Él cuida de nuestras vidas y quiere ser parte de ellas. Quiere que nosotros sirvamos con humildad, en amor.

En Gálatas 5, Pablo escribe sobre el fruto del Espíritu: el amor, el gozo, la paz, la paciencia, la benignidad, la bondad, la fe, la mansedumbre y el dominio propio.

Él dice que la obra es el trabajo espontáneo del Espíritu Santo. El Espíritu produce en nosotros los rasgos de carácter que se encuentran en Cristo. No podemos obtenerlo tratando de conseguirlo sin su ayuda.

Debemos conocer, amar e imitar a Jesús para permitir que estas características crezcan en nuestras vidas. El producto de la vida llena del Espíritu está en perfecta armonía con la intención de la ley de Dios.

Cuando exhibimos el fruto del Espíritu, cumplimos la ley mucho mejor que alguien que no tiene amor en su corazón, pero sigue las reglas.

La Gracia de la Generosidad

Decidir ser guiados por el Espíritu y vivir nuestras vidas motivadas por el Espíritu de Dios,nos impulsa a amar generosamente. Cuando administramos generosamente, encontramos propósito.

Somos beneficiarios de la bondad de Dios. Cada bendición espiritual viene por medio de nuestra relación con Cristo. El estímulo para vivir Su amor por los demás nos impulsa a vivir con las manos y el corazón abiertos.

Dios provee lo que necesitamos cuando vivimos con las manos abiertas, dando de nuestro tiempo, talentos y recursos. Jesús no podría haber mostrado compasión a la multitud que no había comido durante días sin un niño con cinco panes pequeños y dos peces. Ni el niño ni los discípulos pensaron que era suficiente, pero Jesús lo hizo suficiente.

Debemos cooperar con el Espíritu Santo para cultivar y crecer en la gracia de la generosidad, dando generosamente el amor y el perdón que Dios ofrece tan libremente.

Derramar el amor de Cristo hacia los demás es vivir en la abundancia de todo lo que ha hecho por nosotros. Mostramos que Cristo nos ama y ama a los demás cuando abrimos nuestros corazones y manos.

Los creyentes en Corinto se destacaron en todo. Tenían fe, buena predicación, conocimiento y mucho amor. Pablo los animó en 2 Corintios para que también se destacaran en la gracia de la generosidad.

A la mayordomía del dinero a menudo se le da un estatus diferente en nuestro discipulado que en otras disciplinas. Muchos creyentes quieren crecer en la fe, el conocimiento y el amor, pero no llegan a dar dinero.

Crecer en el uso maduro de todos los recursos debería incluir dar. Dios puede poner el deseo y permitirnos aumentar nuestra capacidad de dar.

La restitución generosa

Los romanos imponían tributos en todas las naciones que controlaban para financiar su imperio mundial. Los judíos se oponían a los aranceles porque los impuestos apoyaban el gobierno secular y sus dioses paganos.

Los recaudadores de impuestos se encontraban entre las personas más impopulares de Israel. Algunos judíos de nacimiento eligieron trabajar para el gobierno romano y eran considerados traidores. Se entendía que los recaudadores de impuestos se enriquecían aprovechándose de sus compañeros judíos.

Las personas se sintieron incómodas cuando Jesús fue a la casa de Zaqueo, un recaudador de impuestos. A pesar de los hechos, Jesús lo amaba. Por este amor, el despreciable Zaqueo fue transformado y liberado.

Él pasó de ser un tramposo a dar a los pobres, y restituir generosamente intereses a los que había engañado, sirviendo humildemente y con amor.

Zaqueo demostró un cambio interior con acciones externas. La generosidad es una señal de un alma transformada. El evangelio abre nuestros corazones y manos.

Dios ama al dador alegre. Dar con alegría libera nuestros dedos para aflojar el control de nuestros deseos de almacenar tesoros en esta tierra.

La Biblia contiene más de dos mil versículos sobre el dinero, el diezmo y las posesiones, más Escrituras que las que tratan sobre la fe y la oración.

El dinero es importante para Dios. Él nos lo da y espera que se lo devolvamos. Jesús habló mucho de esto porque sabía que era un problema del corazón que iba a motivar a las personas a rendirse o no seguirle.

Nunca vemos un contenedor de dinero y posesiones siguiendo un coche fúnebre. No podremos llevarlo con nosotros.

Un asesor financiero experto nos dice que espera que nuestra última donación sea para vaciar nuestras cuentas bancarias al morir.

En nuestras cuatro relaciones, debemos ser dadores alegres. Mostramos a cada una el amor de Dios al aflojar el control sobre nuestros dones y tesoros. Honramos a los Conocidos Casuales al servirles humildemente. Compartimos generosidad emocional a nuestro Círculo Social, incluyéndoles en acciones externas de compañerismo para compartir todo lo que Jesús ha hecho.

Los Espíritus Afines comparten la generosidad de la bondad unos hacia otros. La Familia por Siempre muestra conexiones generosas, espiritual, emocional y materialmente.

¿A quiénes serviremos? Elijo a Dios y su amor por los demás.

La generosidad de las manos abiertas

Las personas generosas dan de forma libre y benigna, ya sea con su tiempo, sus talentos o sus recursos. Ser generosos en amor crea un estilo de vida generoso.

Oremos para que el Señor nos dé la sabiduría y el conocimiento. Al comenzar, pidamos al Señor que nos guíe al altruismo y nos indique dónde poner nuestra fe en acción, permitiéndonos ser libres y bondadosos.

Conocidos Casuales

Los Conocidos Casuales nos permiten amar generosamente a algunos que quizás nunca han experimentado el amor de Dios.

Los jugadores de primera y tercera base son generosos al

apoyar a otros jugadores en el campo. Dado que sus jugadas son principalmente independientes, no beneficia a los demás en el campo el que ellos intervengan en las demás jugadas.

Cubren su base asignada y reciben las bolas para outs cruciales en la entrada. Cada jugador beneficia al equipo al estar dispuesto a mantenerse al margen de las jugadas en las que no debería participar, pero cediendo la jugada al jardinero que está detrás de él o a los jugadores en el cuadro central.

Ser generoso comienza con prestar atención a los Conocidos Casuales y sus necesidades. Mantengamos conversaciones con las personas con quienes entramos en contacto diariamente. Pronto nos daremos cuenta de alguna necesidad.

Cada año recibimos muchas peticiones de organizaciones para participar en una campaña o para donar a una causa específica. Nos tomó un tiempo entender que no necesitábamos sentirnos obligados a donar a cada persona que nos lo pidiera.

Me sentí culpable de no poder ayudar a los cientos de ministerios y otras organizaciones que hacen grandes cosas. Tras orar por sabiduría, David y yo decidimos a quién donar cada año.

Muchas organizaciones que encontramos tienen necesidades, pero debemos tomar decisiones basadas en nuestra conexión y la confiabilidad de la organización.

A veces la forma en que damos a los demás es con nuestro tiempo, siendo voluntarios y pasando tiempo con los demás. Cuando somos voluntarios, nos colocamos frente a muchas personas que necesitan ayuda. Dar esperanza y compartir elogios y bondad genuina, abre más nuestros corazones y nuestras manos.

Con cada encuentro podemos dar a las personas el beneficio de la duda haciendo preguntas, escuchando y respondiendo con amabilidad. Haz que se sientan bienvenidos y habla palabras positivas del amor de Jesús.

Con nuestros Conocidos Casuales, somos generosos

cuando damos más de lo que nos piden y cuando no tiene sentido. Hacemos esto cuando cedemos un asiento en el avión para que una familia pueda sentarse junta.

Al caminar por el supermercado, muchas veces veo a mujeres más bajas que yo. Me ofrezco a buscarles el producto del estante más alto que no pueden alcanzar.

Cuando era adolescente, trabajaba en un asilo de ancianos. Muchas personas solitarias se sentaban en su silla todo el día sin una visita. Comencé a darles más tiempo para escuchar sus historias. Oh, los carriles de la memoria por los que caminan cuando se les da la oportunidad.

La generosidad espontánea no requiere más que el deseo de hacerlo. Cada día podemos encontrar lugares para derramar el amor de forma abundante a quienes están en contacto con nosotros.

Círculo Social

La generosidad en el Círculo Social se basa en la afirmación, una mano tendida y el agradecimiento. Este grupo de relaciones se encuentra cuando damos el paso de ofrecernos como voluntarios y participar.

Las interacciones de los jardineros abundan en afirmaciones. Se apoyan y animan mutuamente. Brindan respaldo en las jugadas y confían en que otros jardineros estarán ahí para ayudarlos.

El jardinero central cubre la mayor cantidad de terreno para alcanzar una bola en juego. Tiene un brazo fuerte para hacer jugadas difíciles y dar más de los esperado en cada jugada en la que participa.

Los jardineros de las esquinas están en comunicación constante con el jardinero central y ofrecen apoyo cuando es necesario. La gratitud es el lenguaje que comparten después de las jugadas.

Nuestro Círculo Social es el grupo que conocemos cuando

nos ofrecemos como voluntarios o participamos en actividades grupales. Estos también pueden ser nuestros vecinos a quienes nos tomamos el tiempo para ayudar cuando es necesario.

Es posible que los vecinos ancianos nunca pidan ayuda, pero podemos ver que su césped crece alto y tomamos tiempo para cortarlo. Una madre con un bebé recién nacido y algunos niños pequeños puede necesitar una mano o un paquete de pañales.

La lista de provisiones de comidas en la iglesia es una excelente manera de ser generosos. Registrate, prepara una comida y llévala a alguien en la lista.

La hospitalidad es mi lenguaje de amor. Me encanta organizar eventos grandes y pequeños, es una manera de establecer contactos con otros. Durante la temporada de béisbol, me encanta organizar picnics en el parque para que todos podamos reunirnos y conocernos mejor.

Incluir a personas que quizás no estén en nuestro círculo cercano les permite hacer nuevos amigos y conectar más profundamente. Démosles la bienvenida y compartamos nuestro conocimiento y sabiduría.

Cuando vemos a alguien con un talento para compartir, le conectamos con la organización, grupo o persona que necesita esa cualidad. Me encanta conectar a las personas que tienen talentos que pueden compartir con otros.

Una forma de ser generoso es enviar una nota escrita a mano a alguien cuando lo ves, destacarse o enviarle un rápido agradecimiento por algo que hicieron. Cuando vemos algo y decimos algo generosamente, transmitimos amor.

Espíritus Afínes

Ser un siervo humilde es una oportunidad para servir a quienes no lo esperan y construir relaciones con ellos. Puede ser una oportunidad para crecer y convertirse en Espíritus Afines.

En nuestras conexiones con Espíritus Afines brindamos

elogios y tiempo. Compartimos nuestros talentos para ayudar y elevar a los demás.

Los jugadores de segunda base y campocorto están en el corazón del juego y son considerados con todos los jugadores. Comparten información y elogian constantemente. Quitarse del camino del otro para que el otro tenga éxito es algo que ocurre durante las jugadas dobles.

Comparten agradecimientos por la ayuda que reciben cuando un corredor intenta robar una base. Están dispuestos a ser el corazón de la defensa, participando en cada estrategia defensiva con el resto del equipo. Se dan consejos y al mismo tiempo, se celebra el éxito del equipo.

Los Espíritus Afines abrazan con frecuencia y comparten sus éxitos con las celebraciones. Los eventos especiales y las victorias son igualmente festivos, y son generosos con su amor mutuo.

Una cualidad especial de la generosidad es dedicar tiempo. Escuchan sin distracciones, admiten cuando están equivocados y conocen los límites que no deben cruzar.

La generosidad abierta implica enseñar habilidades unos a otros. También prepararse comidas unos a otros, incluso cuando no se les pide.

Mis Espíritus Afines son un grupo excepcional. Me encanta buscar tarjetas con mensajes especiales y escribir notas de aliento. Una madre joven que era nueva en las grandes ligas, luchaba con el tremendo cambio de pasar de las menores a las mayores y necesitaba un poco más de amor.

Encontré una tarjeta con un mensaje cómico y escribí en letras mayúsculas de color: "¡Esto lo puedes hacer, Mamá!" La puse en su bolso para que la encontrara cuando llegara a casa.

Recibí un mensaje de texto esa noche. Estaba muy agradecida y me dijo que esas palabras le ayudaron a respirar profundamente y a saber que podría lograrlo.

Alabar generosamente el uno al otro ayuda a crear confianza

y valentía. Nunca nos arrepentiremos de derramar palabras amables hacia otra persona.

La Familia Por Siempre

La Familia Por Siempre derrama generosidad el uno al otro. La oración fluye incluso cuando no se solicita, y el agradecimiento abunda.

El lanzador y el receptor tienen una relación que acepta el carácter generoso del otro. El vínculo entre ellos es un ejemplo de aceptación mutua e intercambio de talentos. El receptor puede ser el mismo en todos los juegos, pero el lanzador cambia. No importa la alineación; los dos jugadores lo hacen posible.

Asociarse para enfrentar a cada bateador, brinda oportunidades para ayudarse mutuamente y compartir consejos para el mejoramiento del equipo. Su sabiduría abunda.

Nuestra Familia Por Siempre también dedica tiempo el uno al otro, priorizando los planes para pasar tiempo juntos y practicando la generosidad espontánea.

También son un equipo que derrama amor hacia los demás. Se ofrecen como voluntarios, haciendo un impacto significativo juntos. Se prioriza su tiempo para ayudar, se comparten talentos entre ellos y se alientan mutuamente a utilizarlos donde más se necesita. Son generosos pero discretos, sin buscar reconocimiento público, pero sabiendo el uno del otro.

La apreciación es una constante, y celebran los logros y éxitos del otro con abrazos y palabras de aliento. En la Familia Por Siempre el tiempo juntos es prioritario, sin las distracciones de los teléfonos celulares.

A veces puede ser difícil aceptar la generosidad de la familia, pero es importante permitir que otros nos ayuden cuando lo necesitamos.

Con las manos abiertas

Tener las manos abiertas en la generosidad, puede ser difícil cuando se nos pide dar más allá de nuestras ofrendas y diezmos eclesiásticos.

Como administradores del dinero de Dios, somos responsables de dar, pero también debemos discernir dónde y cómo damos.

Aquí hay algunas organizaciones reputables donde puedes servir humildemente con amor. Esta lista no es exhaustiva, pero es una guía para encontrar lugares donde puedas compartir amor generoso.

- Compassion International
- Fellowship of Christian Athletes
- Baseball Chapel
- Professional Athlete Outreach
- Pittsburgh Kids Foundation
- Urban Impact
- Path2Freedom
- Coming Alive Ministries
- Truth in Sports

Encuentra a alguien, o a una organización con la que puedas compartir amor generoso.

Sirve humildemente en amor y comparte todo lo que Dios ha hecho por nosotros. Muestra la gloria de Dios a los demás a través de tus acciones y vive en una posición de generosidad plena.

★ ★ ★

EL IMPACTO SIGNIFICATIVO

"Deja que los adultos conversen" fue mi primera experiencia negativa con la esposa de un compañero de béisbol, pero no fue la última. Tenía que decidir si retirarme, responder o volver a entrar con una nueva actitud.

Todos tenemos una decisión que tomar cuando se trata de las personas que nos rodean. Ser lastimados es inevitable.

- Surgirán las situaciones incómodas.
- Los introvertidos se retirarán.
- Los extrovertidos perseguirán.
- A veces todo el mundo se encierra.

Comprometerse a amar a las personas, incluso cuando no las elegimos, requiere piel dura. Nunca defenderé el hecho de permanecer en una relación que sea abusiva o denigrante. Sin embargo, debemos comprometernos con el proceso del desarrollo.

En el béisbol, cada temporada tenemos un nuevo grupo de mujeres jóvenes, ya sean esposas o novias de los nuevos jugadores. Algunas estaban allí el año anterior, pero la rotación de personal es alta entre jugadores y entrenadores.

Hemos pasado nueve temporadas con un equipo, mientras que con otros solo hemos estado una. Muchas organizaciones intercambian jugadores entre sí, por lo que nos encontramos a veces con los mismos jugadores pero en diferentes equipos.

Como mencioné anteriormente, el béisbol es un gran contenedor de reciclaje. Somos arrojados y movidos de un lado a otro y colocados en otra ciudad con un equipo nuevo. Algunos jugadores y entrenadores suben y bajan entre las ligas menores y mayores y entre otras organizaciones.

La mayoría de las organizaciones de béisbol tienen de cuatro a seis equipos en las ligas menores. Algunos jugadores con sus familias, pueden ver varios niveles diferentes en un solo año.

Muchas de las esposas y novias han llegado a ser amigas, con varias he desarrollado relaciones más profundas. Como tantas amistades, algunas se desarrollaron fácilmente, pero otras tomaron más trabajo y otras màs nunca crecieron.

En cada encuentro tenía que decidir invertir en la persona para acercarme más a ella. Algunas me llevaron mucho más allá de mi zona de confort.

Las Rutas Complicadas

En los equipos, las interacciones con los jugadores ocurren dentro del clubhouse, pero una conexión diferente se desarrolla en el campo. Teniendo en cuenta el juego de béisbol y cómo los jugadores han jugado por muchos años, uno podría pensar que las conexiones ocurrirán sin mucho esfuerzo.

Pero no siempre es así. A veces, se producen rutas complicadas. Cuando llega un nuevo jugador, puede resultar un poco incómodo. Se necesita tiempo para que las cosas funcionen sin contratiempos, dentro y fuera del campo.

Ellos necesitan conocer a los demás jugadores y entrenadores, sentir cómo juega el equipo en conjunto, lo que funciona y lo que no. Las barreras en el idioma causan que algunos se sientan incómodos.

En nuestro primer año en el béisbol, David dirigió un equipo de novatos, el primer paso en las ligas menores en los Estados Unidos. Nuestro equipo tenía jugadores de la República Dominicana, Venezuela, Puerto Rico y algunos de Estados Unidos.

Acepté el reto de conversar con un libro de traducción (no había celulares con las apps de traducción en ese entonces), lo que causó muchos líos y risas interminables. Muchos jugadores se sentían intimidados ante la idea de intentar hablar inglés.

Algunos muchachos no podían leer, así que ni siquiera el libro les ayudó. Comencé a darme cuenta de cómo se retiraban del grupo cuando estábamos sentados en las mesas de picnic en medio del grupo de campos de béisbol.

Hicimos el intento de animarles a que se sentaran con nosotros, pero mantuvieron su distancia. Poco a poco, los jugadores indecisos se sentaban en las afueras del grupo y de vez en cuando se reían. Luego traje comida. La comida siempre rompe las barreras.

Sus respuestas eran de pocas palabras pero suficientes para romper los sentimientos incómodos de la barrera del idioma.

El pavo de la temporada invernal

David dirigió o entrenó béisbol invernal durante once años. La temporada se extiende desde octubre hasta enero (quizás febrero si logran llegar a la Serie Mundial del Caribe). Estuvimos en Venezuela tres inviernos y en la República Dominicana más de ocho.

En nuestro primer año en Venezuela, sentí como los jugadores novatos se mantenían siempre en las afueras cuando intentábamos hablar español/inglés. Me encontré en un país donde pocos hablaban inglés.

Necesitábamos hablar español si queríamos comer. Las aventureras traducciones en los menús nos desafiaron a probar cosas que de otro modo no habríamos elegido. Digamos que los frijoles verdes grandes y los trozos de maíz en una pizza no habrían sido mi primera opción.

Aguantamos y probamos muchas cosas nuevas. Como me arriesgue en vez de quejarme, los jugadores y familias venezolanas empezaron a dedicar más tiempo para enseñarnos el español.

A medida que se acercaba el Día de Acción de Gracias, le dije a David que quería cocinar para el equipo. Muchos de nosotros vivíamos en el mismo edificio en el centro de Caracas.

Encontré una carnicería en el centro comercial de la planta baja de nuestro apartamento. Juan, el más bullicioso de los carniceros, siempre estaba dispuesto a ayudarme con mi español.

Durante mi primera interacción con él, le señalé una pechuga de pollo y le pregunté: "¿Cómo se dice eso?" Con una gran sonrisa él me respondió: "¡chicken!" Le contesté: "¡No en inglés!" Rompió la tensión de sentirme cohibida por el idioma.

Juan me saludó cuando entré a su carnicería dos semanas antes del día de Acción de Gracias. Creo que los otros carniceros temían mirarme. Quizás les asustaba el que yo hablaba inglés.

Saqué mi librito traductor y pregunté si me podían conseguir un pavo entero. "Sí, sí", hablo sin dudar en pocas palabras en inglés.

Negociamos el peso que quería y para cuando lo necesitaba. Escribí una nota en mi agenda (recuerden que eran los días antes de la tecnología) y volví a mi apartamento para acostar a los niños a tomar una siesta antes del juego.

Regresé el día que habíamos acordado, y cuando entré a la tienda Juan me saludó entusiastamente. Todos los carniceros se volvieron hacia mí. Juan se fue rápido a la parte trasera de la tienda y yo me encargué de silenciar una pelea entre mis niños por un juguete cuando escuché un fuerte golpe.

Para mi consternación, cuando levanté la vista Juan había tirado un pavo flácido en la meseta. ¡Con sus plumas, patas y todo! Algo había fallado en la traducción. Después de algunas vueltas más con el libro de traducción, Juan accedió a limpiarme el pavo.

Llegó el Día de Acción de Gracias. El día anterior cociné tartas caseras. Luego, el día del pavo, biscuit, relleno casero, maíz y judías verdes (no en una pizza, sino en un plato hondo) y salsa. La comida cubría toda la mesa.

Los jugadores y entrenadores estadounidenses llegaron en el tiempo designado. Los venezolanos llegaron un poco más tarde, pero llegaron. Sus ojos se pusieron grandes cuando entraron a nuestro apartamento, viendo los panes con mantequilla, el maíz y el pavo tan bien preparado. Comieron y salieron con sus panzas llenas.

La siguiente semana, muchos jugadores comenzaron a compartir sus restaurantes favoritos o la comida típica favorita de su casa. Uno de los jugadores nos invitó a la casa de su abuela. Quería presentarnos con ella. Entramos por su puerta abierta con corazones abiertos y un librito de traducción. Qué honor ser invitados a su hogar y a sus vidas.

Cuando buscamos conexiones, estas pueden afectar significativamente nuestras vidas y las de los demás. La autoconciencia de lo que nos hace sentir incómodos o cohibidos, nos ayuda a mantenernos firmes cuando nos conectamos.

La decisión de conectar con otros, fracasa inevitablemente si lo dejamos en manos de nuestros sentimientos de comodidad. Debemos decidir a quién servimos, a nosotros mismos o a Dios. Abrazamos lo incómodo si miramos a cada interacción como una cita Divina que el Señor ha orquestado.

★ ★ ★

PERO EN CUANTO A MÍ

"Pero en cuanto a mí yo y mi casa serviremos al Señor."

Josué 24:15

Por cuarenta años, los israelitas viajaron por una ruta complicada a través del desierto. No siguieron a su líder, Moisés. No quisieron obedecer a Dios ni conquistar la tierra, así que caminaban sin dirección. Después de la muerte de Moisés, Josué llegó a ser su líder. Era un brillante líder militar, pero su éxito vino a través de su sumisión a Dios.

Josué entregó su vida para obedecer a Dios, incluso en el desierto con un grupo de amigos desobedientes y quejosos. Les dijo en su mensaje final lo importante que es obedecer a Dios. Los desafió para que decidieran.

Llega el tiempo cuando debemos decidir quién o qué nos va a controlar. La decisión es nuestra. ¿Permitiremos los encuentros Divinos con las personas que Dios quiere poner frente a nosotros, aunque sean incómodos y nos hagan correr riesgos? ¿Podremos profundizar nuestras amistades en condiciones inusuales? ¿O permitiremos que el temor sofoque las oportunidades para crear un nuevo grupo de amistades con el potencial de ser más como una familia?

Al asumir una posición por el Señor, Josué mostró su liderazgo espiritual. A pesar de que otros decidan de otra manera, Josué entregó todo a Dios, dispuesto a ser un ejemplo de vivir con esa decisión. ¿Cómo mostramos a todos nuestro compromiso para amar a los demás como Jesús nos amó a nosotros?

Tomar una decisión

Cuando David y yo comenzamos nuestra aventura en el béisbol, no estábamos caminando en nuestra fe. Teníamos buenos corazones y nos preocupábamos por otros, pero no teníamos lo que necesitábamos para rodearnos de las personas que Dios quería que amáramos. Construíamos barreras emocionales y, a veces, la ira se desbordaba.

Nuestros corazones fueron cambiados para siempre cuando comprometimos nuestras vidas al Señor. Las barreras emocionales que creamos en el pasado comenzaron a sanar mientras leíamos la Biblia y aprendíamos a caminar en el camino del Señor.

Decidimos dejar nuestros egos de lado. Nuestra vida en el béisbol se convirtió más en incluir y apoyar a otros. Nuestro campo de misión se amplió desde los entrenadores, jugadores y esposas hasta los que venden boletos, los vendedores y el personal de mantenimiento del campo.

Pacificar y animar llegó a ser nuestro lema. Nuestra compasión creció mientras ganábamos el respeto y la confianza de las personas que Dios nos dio para amar.

Decidimos ser generosos con el amor que Dios derramó en nuestras vidas al dárselo libremente a otros. Decidimos disfrutar nuestras experiencias, abrazando cada aventura.

Escoger el amor

¿Cuál es tu decisión? ¿Reaccionar a la situación en la que te encuentras o ser proactivo en construir relaciones?

Cuando reaccionamos, nuestras acciones revelan nuestros sentimientos. Los sentimientos nunca son confiables y nos meten en problemas por sobrevalorar lo que nos dicta nuestro "corazón". Las personas reactivas son afectadas por el ambiente que las rodea.

Nuestro entorno social puede ser un catalizador de una avalancha de sentimientos. Cuando estamos frustrados o afectados por el comportamiento de alguien, podemos responder con esa misma actitud. Las personas reactivas basan su fuerza relacional en el comportamiento de los demás. Permiten que los demás controlen sus conexiones.

No agradarás a todo el mundo. Tampoco te gustara todo el mundo. Pero el hecho de que alguien no te agrade no debe ser excusa para no amarles. Amar a otros no es una opción. Se nos exige amar a los demás, Dios lo ordena.

Para desarrollar relaciones exitosas y amorosas, somos responsables y capaces de responder. Podemos responder en lugar de reaccionar. Permitir una respuesta en lugar de una reacción, libera de nosotros el control del amor hacia los demás.

Conexiones Que Crecen

Iniciar respuestas proactivas significa más que simplemente tomar la iniciativa. Significa que somos responsables del crecimiento de las conexiones.

La base de una persona proactiva es tener autocontrol antes de reaccionar ante circunstancias incómodas que nos hacen querer distanciarnos y no arriesgarnos.

A veces,. nuestra posición en un grupo nos hace sentir

que no queremos dar el paso y arriesgarnos. Estos son los momentos en los que servir al Señor donde nos ha puesto, debe tomar precedencia sobre nuestros sentimientos. Así que desechamos toda hostilidad, engaño, deshonestidad y comparación.

No nos volvamos locos y pensemos que si sentimos que el Espíritu Santo nos dice que corramos nos quedamos ahí sentados. Pero cuando alguien habla un idioma diferente, y tenemos miedo de parecer tontos sacando nuestros teléfonos y cargando una aplicación de traducción, debemos aceptar la sensación incómoda y hacerlo de todos modos.

Una nueva madre aparece en la fila de autos con un mejor auto que el nuestro, y podemos pensar que no somos lo suficientemente buenas para darle la bienvenida a la escuela. Una compañera llega dispuesta a destacarse y nos sentimos intimidadas. Un nuevo jugador llega al equipo, la nueva esposa o una nueva madre y parecen diferentes a nosotros.

Elegir, aprovechar al máximo nuestras citas con Dios, nos permite buscar conexiones. Ser proactivo determina cómo vamos a servir al Señor, aunque sea difícil. Abraza lo incómodo.

¿Qué vas a elegir hoy? Oro para que decidas comprometerte a construir relaciones amorosas. Endurece tu piel mientras te comprometes con el proceso de crecimiento. Abraza lo incómodo.

★ ★ ★

EL ÚLTIMO OUT

¿Puedo expresar cuánto les amo a todos? He orado por ustedes desde que surgió mi idea sobre cómo podremos crecer en amor los unos por los otros. Por el gran amor de Dios, puedo amar a cada uno de ustedes y disfrutarlo.

Mientras hemos explorado los cuatro tipos de relaciones y las Nueve Cualidades Fundamentales, hemos estado creciendo en nuestra habilidad para desarrollar relaciones amorosas.

Cuando definimos los tipos de relaciones y sus diferencias, no sólo identificamos la confusión en nuestras conexiones, sino que nuestros corazones y mentes se abren para conectarnos con las personas de cada grupo.

No todos estarán en nuestro equipo para siempre, pero debemos amarlos de todas maneras. Tratar a un Conocido Casual como si hubiera potencial para llegar a ser Familia Por Siempre, es amar a alguien que necesita un estímulo.

Seguimos el mandato que Jesús nos da para amarnos los unos a los otros. Hemos llegado a ser más conscientes de lo que Dios quiere en nuestras relaciones. El amor eleva y sostiene.

Con los ejemplos de mi vida en el béisbol, como esposa y

mi familia relacionada con este deporte, creo que he encontrado formas de interactuar con otros de manera amorosa, incluso si no les gusta el béisbol.

Tengo una pregunta. ¿Quién está en tu equipo? Espero que este libro te haya ayudado a definir las conexiones, te haya liberado de la presión de crecer y te haya dado la libertad de profundizar las relaciones maduras.

Al aprender sobre los cuatro tipos de relaciones y las Nueve Cualidades Fundamentales, entendemos dónde se pueden aplicar los límites para proteger nuestros corazones, mentes y almas. Pero también estamos siendo desafiados para entrar en las conexiones aunque nunca crezcan.

Como el último out del juego, este es el final de esta experiencia. Pero hoy es el día para comenzar a trabajar en lo que está por venir.

Ten confianza en que podemos crear y desarrollar relaciones amorosas con los tipos de conexiones distintas aplicando los principios bíblicos que están detrás de las cualidades. Demos pasos prácticos para crecer el uno con el otro.

Mientras abrazamos las cualidades fundamentales, las usamos diariamente, saliendo y compartiendo el amor sincero sin miedo.

Dios quiere usarnos. Él no quiere que sea un sacrificio sin gozo. Él desea que dediquemos nuestras vidas para cumplir el mandato de amarnos los unos a los otros, glorificando a Jesús en todo lo que hacemos y decimos, respondiendo a su amor abundante por nosotros y celebrando cada oportunidad.

★ ★ ★

AMAR PROFUNDAMENTE DESDE EL CORAZÓN

"Ahora que se han purificado obedeciendo a la verdad y tienen un amor sincero por sus hermanos, ámense de todo corazón los unos a los otros."

I Pedro 1:22

El amor sincero implica dar desinteresadamente. El amor y el perdón de Dios nos liberan para apartar nuestros ojos de nosotros mismos y atender las necesidades de los demás.

Al sacrificar su vida, Cristo muestra que nos ama. Ahora podemos amar a los demás siguiendo su ejemplo y dando de nosotros sacrificialmente.

El apóstol Pedro escribió su carta para animar a los creyentes que probablemente enfrentarían pruebas y persecución bajo el emperador Nerón.

Durante la mayor parte del primer siglo, los cristianos fueron perseguidos y asesinados en todo el imperio romano. Podrían esperar persecución social y económica por parte de los romanos, los judíos y sus propias familias. Serían incomprendidos, acosados e incluso torturados o ejecutados por su fe.

Pedro tal vez estaba escribiendo a nuevos cristianos. Quería que estuvieran advertidos de lo que venía y quería animarlos y ayudarlos mientras enfrentaban la oposición. Para los lectores de hoy, el tema de la epístola es la esperanza.

A medida que aprendemos lo que Dios dice sobre cómo amarnos los unos a los otros, somos purificados en la Palabra. Las Escrituras reeducan nuestro pensamiento. Nuestros pensamientos transforman nuestras acciones.

Pedro quiere que todos los creyentes compartan un amor sincero y fraternal unos por otros. Dios encendió vida en ti para compartir ese fuego con los demás. El amor con el que Cristo nos ha llenado, no es solo para compartirlo con otros creyentes sino con toda la humanidad.

Cuando otros nos tratan mal, debemos seguir amando a pesar de la confusión. Somos siervos de Dios y estamos llamados a ser buenos en servir porque así Dios lo ordena. Amaos unos a otros y sed amables.

Imagina cómo será cuando estemos cara a cara con Jesús y Él nos diga: "¡Bien hecho! ¡Has amado bien a los demás!"

CELEBRAR LAS OPORTUNIDADES

Oh, el gozo de cómo cada cualidad muestra amor.

- El amor desinteresado significa ver las necesidades de los demás como más importantes que nuestros deseos.
- El amor inclusivo es ir más allá y construir conexiones con personas que nunca elegiríamos.
- El amor solidario es ayudar a otros en su camino con la palabra de Dios y la oración.
- El amor pacificador significa usar el amor de Dios para crear relaciones amorosas, incluso cuando reina el caos.
- El amor alentador ayuda a estimular la confianza y la esperanza al poner coraje en el espíritu de otros.
- El amor compasivo muestra empatía hacia la angustia del otro y el deseo de aliviar su dolor.
- El amor respetuoso se preocupa lo suficiente por otra persona como para considerar cómo nuestras acciones les impactan.
- El amor confiable derrama un carácter fiable y honesto.

- El amor generoso da más afecto y ternura de lo necesario.

Celebra las oportunidades que Dios pone frente a ti. Aprovecha la oportunidad para hacer amigos y convertirlos en familia. Al mismo tiempo, continúa entendiendo las conexiones que quizás nunca crecerán pero merecen la intención de amarlas mientras estamos juntos.

Es difícil celebrar las oportunidades cuando estamos ocupados o estresados. Así que necesitamos tomar un respiro, detenernos y ser intencionales.

Recibe a los Conocidos Casuales como si fueran Familia Por Siempre. Emociónate cuando los conoces. Nuestra actitud expresa nuestro corazón. Reconoce que somos más parecidos de lo que pensamos.

Continuamente busca formas de compartir el amor de Cristo. ¿Quién a nuestro alrededor lo necesita? Es más fácil ayudar a nuestros Espíritus Afines y Familia Por Siempre, pero debemos mostrar la misma emoción con nuestro Círculo Social y Conocidos Casuales.

Haz una invitación abierta a las personas en cada una de las cuatro relaciones para pasar tiempo de calidad con ellos, sin importar cuánto tiempo tengan juntos.

A pesar del tiempo, derribar los muros construidos y abrir nuestras manos para impactar o ser impactados por otros, nos permite desarrollar conexiones amorosas.

A medida que pasa el tiempo, evalúa las Nueve Cualidades Fundamentales y el potencial de crecimiento en las áreas que faltan. Solo algunas veces sentiremos que estamos desbordados de amor, pero debemos profundizar en las cualidades que surgen de forma natural mientras trabajamos para mejorar en aquellas en las que somos más débiles.

Querido amigo, oro por ti mientras lees este libro y te embarcas en nuevas oportunidades para compartir el amor de Cristo. Mientras construimos sobre el fundamento amando a los demás, difundimos las virtudes de las Nueve Cualidades Fundamentales cumpliendo el mandamiento de Dios.

Creamos relaciones amorosas a medida que estas cualidades se convierten en hábitos diarios. Celebra las oportunidades y toma riesgos. Dios te llevará a tu Familia Por Siempre.

Celebra a Dios todo el día. Haz evidente par otros que estás lleno del amor de Dios. Ayúdales a ver a Jesús a través de tus acciones.

Estoy orgullosa de ti por terminar este libro. Pero sé que esto no es el fin de nuestras conexiones. Estoy aquí para ustedes,, todos y cada uno. Si puedo ayudar, házmelo saber mientras compartimos el amor de Dios a los demás.

Oro para que estés lleno de coraje, que estés listo para amar a otros y estés preparado para impactar al mundo como una persona confiable y tierna. El amor importa. ¡Ahora, divirtámonos un poco! Envolvámonos unos a otros en el desbordamiento del amor de Cristo sin reservas.

La Familia Beisbolera
Preguntas para Estudiar

Los Fundamentos de las Cuatro Relaciones

1. ¿Qué obstáculos en tus relaciones no románticas te impiden construir relaciones afectivas?
2. ¿Quién ha suplido el hueco en tu vida? ¿Qué característica tiene esa persona que te ayudó a conectar con ella?
3. ¿Cómo se define el amor bíblico?
4. ¿Qué nuevo mandamiento da Jesús en Juan 13:34-35?
5. Con tus propias palabras, explica "Conocido Casual", "Círculo Social", "Espíritu Afín" y "Familia por Siempre". ¿Puedes identificar a una persona en cada grupo con la que te hayas conectado?

Las Nueve Cualidades Fundamentales

1. ¿Qué es lo que más deseas aprender sobre la construcción de relaciones afectivas con respecto a las Nueve Cualidades Fundamentales?
2. ¿Qué te impide conectar con los demás?
3. ¿En qué cualidad fundamental sientes que tienes más fortaleza? ¿Y cuál menos?

4. Escribe una oración anticipando lo que Dios hará en tu vida con respecto a tus relaciones y fortalecimiento de las cualidades fundamentales.
5. ¿Cómo defines el éxito? ¿Cómo esperarías que fuera el éxito en tu vida después de leer Familia Beisbolera?

Abnegación

1. ¿Cómo defines la abnegación en tus propias palabras? ¿Qué es el amor desinteresado?
2. ¿Cómo te sientes cuando piensas en la abnegación?
3. Escribe el versículo Filipenses 2:3 en tus propias palabras.
4. ¿Qué significa la unidad espiritual para ti?
5. Escribe tres maneras en que puedes mostrar la abnegación a los Conocidos Casuales, al Círculo Social, a los Espíritus Afines y a la Familia Por Siempre.

La Inclusión

1. Escribe una experiencia en la que te sentiste como un extraño.
2. ¿Quién es una persona que te ha incluido? ¿Cuáles son las características de inclusión que te mostraron?
3. ¿Qué significa para ti ser devoto y honrar a los demás?
4. ¿Qué ejemplo de benignidad y amor se muestra en la relación de Jesús con sus discípulos en Juan 13:1-12?
5. Escribe tres ejemplos de cómo puedes incluir a los demás en cada una de las cuatro relaciones: Los Conocidos Casuales, El Círculo Social, Los Espíritus Afines y la Familia Por Siempre.

Apoyo

1. ¿Cuándo alguien te ha apoyado? ¿Cómo ha sido ese apoyo?

2. ¿Has sido juzgado injustamente como persona alguna vez? ¿Y tú has juzgado injustamente a otra persona?
3. ¿Qué características observas en la relación entre Elías y Eliseo?
4. Lee Mateo 9:1-8. ¿Cómo encuentras la fuerza para apoyar a otros, similar a cómo lo hicieron estos amigos del hombre paralítico?

Pacificador

1. ¿Qué significa para ti ser pacificador?
2. ¿Cuáles son algunas tácticas que pueden redirigir a los ladrones de la gloria?
3. ¿Qué significa la palabra "shalom"?
4. ¿Cómo podemos buscar la paz y perseguirla?
5. Escribe tres maneras para mostrar el amor pacificador en cada una de las cuatro relaciones: Conocidos Casuales, el Círculo Social, los Espíritus Afines y la Familia por Siempre.

Alentador

1. ¿Qué significa ser un alentador?
2. ¿Puedes explicar una relación que has tenido que haya enriquecido tu vida?
3. ¿Qué deberías evitar como persona que busca ser alentadora?
4. ¿Cuáles son las cualidades que ves en Bernabé, también conocido como Hijo de Consolación, en Hechos 9:26-31?
5. Escribe tres maneras en las que puedes alentar en cada tipo de relación: Conocidos Casuales, Círculo Social, Almas Afines y la Familia para Siempre.

Compasivo

1. ¿Has tenido una relación que consideraste demasiado difícil? Enumera las cosas que la hicieron difícil.
2. ¿Qué significa para ti dar y recibir perdón?
3. Lee Mateo 9:27-38. ¿Cómo mostró Jesús compasión por las necesidades espirituales y físicas de las personas que encontró?
4. ¿Qué significa ser un cristiano compasivo?
5. Escribe tres formas de mostrar compasión en cada una de las relaciones: Conocidos Casuales, el Círculo Social, los Espíritus Afines y la Familia Por Siempre.

Respetuoso

1. ¿Cómo defines la cualidad de ser respetuoso? ¿Qué es la falta de respeto?
2. ¿Cuándo te has faltado al respeto a ti mismo? ¿Cómo lo recuperaste?
3. ¿Crees que el respeto debe ser ganado o dado?
4. Jesús enseñó el Sermón del Monte en Mateo 7. Lee Mateo 7:12 y escríbelo con tus propias palabras.
5. Escribe tres maneras para representar a Cristo siendo respetuoso en cada una de las relaciones: Conocidos Casuales, el Círculo Social, Los Espíritus Afines y la Familia Por Siempre.

Confiable

1. ¿Cuál experiencia te ha hecho perder la confianza en alguien?
2. ¿Cuáles son las cualidades de alguien en quien se puede confiar?
3. ¿Qué dice Pablo a Tito en Tito 2:6-8 acerca de ser digno de confianza?
4. ¿Qué nos confía Dios y cómo debemos manejarlo?

5. Escribe tres maneras en las que podemos ser dignos de confianza para nuestros Conocidos Casuales, el Círculo Social, los Espíritus Afines y la Familia Por Siempre.

Generoso

1. ¿Dónde comienza el espíritu generoso?
2. ¿Cuáles son algunos ejemplos de dar que no incluyen dinero?
3. ¿Qué dice Pablo sobre servir humildemente en amor?
4. ¿Cuáles son los frutos del Espíritu? Escribe una definición para cada uno.
5. Escribe tres maneras para vivir con las manos abiertas para los Conocidos Casuales, el Círculo Social, los Espíritus Afines y la Familia por Siempre.

Impacto Significativo

1. ¿Qué te hace sentir bien cuando conectas con otros?
2. Explica algunos de los momentos divinos de Dios en tu vida.
3. ¿Escogerías servir a Dios para construir relaciones amorosas? ¿Cuál sería tu primer paso?
4. Define en tus propias palabras qué significa responder correctamente.
5. ¿Cómo puedes aprovechar los momentos divinos?

El Último Out

1. ¿Cuáles son algunos ejemplos del béisbol que te han ayudado a entender mejor las Nueve Cualidades Fundamentales?
2. ¿Cuáles son algunos ejemplos del béisbol que te han ayudado a entender las cuatro relaciones?
3. ¿Cómo describirías el amor fraternal que Pedro menciona en 1 Pedro 1:22?

4. Describe en tus propias palabras cada una de las Nueve Cualidades Fundamentales que representan el amor.
5. Escribe una nota para ti mismo describiendo cómo modelar las Cualidades Fundamentales.

Amar Profundamente desde el Corazón

1. ¿Hay todavía cosas que te impiden amar a los demás? Haz una lista.
2. ¿Hay personas que son piedras de tropiezo para ti y te impiden amarlas? Haz una lista.
3. Comienza a trabajar en las razones que te impiden amar buscando versículos bíblicos que te puedan ayudar.
4. ¿Cómo defines el amor fraternal?
5. ¿Cómo planeas amar a otros para escuchar la voz de Jesús diciendo: "¡Bien hecho! Has amado bien a los demás!"

Celebrar las Oportunidades

1. Haz una lista de las formas en que puedes conectar con otros.
2. Invita a alguien nuevo para compartir un café. Reúne a varias personas para celebrar la vida que vivimos juntos.
3. Nombra a algunas personas con las que te conectas y con las que sientes que puedes cultivar una relación más profunda.
4. ¡Lanza confeti!
5. Estoy aquí para ti. Si puedo ayudar, avísame.

Citas de la familia del béisbol

"La fidelidad de Dios en el juego es lo que aprendí a lo largo de los años. Los numerosos equipos, organizaciones y niveles con los que puedes estar pueden ser abrumadores. Dios y Su fidelidad nunca fallan, a pesar de las diferentes personas con las que interactuamos durante todos esos tiempos y cambios.

"Apoyarme en Dios y pedirme que ore por otro,s fue algo tan fácil para mí debido a Su fidelidad. Reconozco este nuevo lugar en el que están entrando, y Dios me pide que ore. Mi declaración de fe es amar a los demás y hacerles saber que Dios es un fundamento que necesitarán si quieren tener éxito en el campo al que Dios les ha llamado".

Renette Manuel
Esposa de Jerry, exgerente de los Chicago White Sox y fundador de la Fundación Jerry Manuel

"Mi esposo jugó durante muchos años. Aprendí muy rápido que el béisbol imita la vida. La adversidad siempre está a la vuelta de la esquina. Las palabras de aliento sincero eran valiosas para mi esposo. A lo largo de su carrera, hice un esfuerzo consciente para honrar a Matt a través de palabras de aliento.

Quería que supiera, con certeza, que su valor en nuestro hogar iba más allá de su éxito en el campo de béisbol. Estamos muy orgullosos de todo lo que logró, pero el amor de mi chico por Jesús ancló nuestra familia. Nunca perdí la oportunidad de animarlo en la fe y decirle cuánto aprecio su liderazgo en nuestro hogar."

Leslee Holliday
Directora del Ministerio de Mujeres con Pro Athletes Outreach Esposa de Matt, Exjugador con los Colorado Rockies, Oakland Athletics, St. Louis Cardinals, New York Yankees Madre de Jackson Holliday, jugador actual con los Baltimore Orioles.

"En mayo de 2019 mi esposo fue transferido a los Pittsburgh Pirates. Habíamos estado con la misma organización durante seis años y estábamos en nuestro tercer equipo en menos de dos meses. Llegué cansada y con miedo de establecerme. Me sentía abrumada tratando de establecer a nuestros dos hijos menores de tres años en un nuevo equipo y en una nueva ciudad una vez más.

En una de mis primeras reuniones de estudio bíblico con los Pirates, expresé cómo me asustaba establecerme completamente y aceptar estar en Pittsburgh porque sabía que nos cambiarían de equipo tan pronto como lo hiciera.

Las chicas me animaron a 'desempacar' física y emocionalmente. Sabía que Dios me estaba diciendo que necesitaba estar completamente presente, sin importar cuánto tiempo fuera. Nos había llevado a Pittsburgh por una razón, y necesitaba derribar mis barreras y abrazarlo. Unas semanas después, conocimos a 'nuestra gente'. Hemos conocido a muchas personas que amamos en el béisbol, pero esta amistad inmediatamente se sintió diferente. Son el tipo de amigos que son más como familia. Y si hubiera mantenido mis defensas por miedo, me habría perdido de encontrar a nuestra gente. Estoy muy agradecida de haber derribado mis barreras y abrazado lo incómodo. Dios sabía lo que estaba haciendo. A veces debemos abrazar lo incómodo y lo nuevo para ver lo que Él tiene para nosotros."

Martha Kate Stratton
Esposa de Chris Stratton, Lanzador de la MLB, Campeón de la Serie Mundial 2023, Texas Rangers

"Mis amigos pueden no ser perfectos; tienen defectos como todos los demás, aunque prefiero disfrutar de sus virtudes. Lo que más amo de ellos es cómo me ayudan a enderezarme cuando me ven doblada y sin mencionar cuando me ven sin fuerzas. Creo que tienen un libro secreto sobre cómo impulsarme a ser mejor cada día. Dios ha sido bueno conmigo."

Noelia Brazoban
1988-2020
Esposa de Starling Marte, Jugador de la MLB

"'Investigué, puedes comer todo el nopal que quieras, y no elevará tu nivel de azúcar en la sangre.' Escuché esto cuando me entregaron un Tupperware lleno de salsa de nopal.

Les había dicho a las esposas del equipo que acababa de fallar en mi prueba de diabetes gestacional mientras estaba embarazada de mi tercer bebé. A lo largo de la carrera de béisbol de mi esposo, la generosidad y el servicio humilde siempre fueron de la mano. Desde bodas hasta baby showers y lo mundano, este nivel de apoyo siempre fue sentido por mi familia del béisbol.

Al iniciar la organización sin fines de lucro The Prom Series, he visto y sentido de primera mano la generosidad de las mujeres del béisbol. Han acogido la idea de servir a adolescentes en hogares de acogida y la han seguido hacia adelante. Cada verano, han proporcionado miles de conjuntos de ropa escolar para adolescentes en hogares de acogida. El pensamiento que ponen detrás de cada atuendo que envían es simplemente asombroso. Estoy eternamente agradecida por servir tan bien a una comunidad necesitada."

Tori Murphy
Fundadora de The Prom Series
Esposa de Daniel Murphy, Jugador de la MLB, 2008-2020
Madre de cuatro

"Por más concurridos que estén los estadios de béisbol en días de juego, pueden ser un lugar solitario para la esposa de un jugador de béisbol. Siempre podemos reconocer 'una de nosotras' desde lejos. Está sentada sola, con gafas de sol puestas, el teléfono en la mano, con un cabello precioso. ¡Juro que incluso sus moños desordenados son hermosos! Una de las lecciones más valiosas que he aprendido como esposa de un jugador de béisbol provino de ser esa chica sola en las gradas. Estaba sentada en un juego en la República Dominicana cuando una mujer se sentó a mi lado y me preguntó, '¿Cómo te llamas?' Sabía lo suficiente de español para decir, 'Jessica, pero no hablo mucho español'. Supuse que eso sería todo, y me quedaría sola de nuevo.

Rápidamente sacó su teléfono y me pasó la aplicación Google Translate. En ella, había escrito la traducción para mí, 'Está bien; todavía somos amigas'. Me sonrió, me dio palmaditas en el muslo y se sentó conmigo el resto del juego.

Para cuando terminé mi visita a mi esposo, tenía nuevas amigas, un nuevo apodo y una nueva comprensión del valor de la inclusión. La inclusión no tiene barreras lingüísticas. Es una sonrisa, un gesto, el uso de una aplicación, o simplemente una invitación para no sentarse sola. El amor que sentí a través de este pequeño acto de una mujer en un país extranjero reflejaba perfectamente el amor de Cristo. Incondicional, sin límites y totalmente inclusivo."

Jessica Anderson
Esposa de Johnny Anderson, Exjugador
Madre de Cooper
Representante de Baseball Chapel

"Merriam-Webster define el adjetivo confiable como digno de confianza: CONFIABLE ¡Así es exactamente cómo ha sido la comunidad del béisbol! ¡Confiable! Mi esposo Brad y yo hemos sido capellanes de los Pittsburgh Pirates durante más de 20 años. A lo largo de los años, hemos visto a jugadores, entrenadores y sus parejas venir e irse. Siempre nos entristece cuando se van, pensando que nunca habrá otro jugador o entrenador tan confiable como ellos, pero el Señor sigue proveyendo personas confiables y dignas de confianza en su lugar. Realmente es asombroso. Pensé que era un fenómeno de los Pittsburgh Pirates, pero ahora creo que es esta familia llamada Béisbol. ¡Son buenas personas que temen a Dios, a las que amamos y en las que podemos depender pase lo que pase!

Me convertí en capellán de un equipo de MLB con miedo y temblor, pensando que de ninguna manera podría confiar o depender de las mujeres en el béisbol. ¡Estaba equivocada! Estas mujeres son algunas de las más confiables que conozco. Mantienen la confidencialidad y se preocupan por los demás; cuando se comprometen, están comprometidas de por vida. ¡Las hermanas del béisbol son las mejores en absoluto!"

Beth Henderson
Líder de Mujeres de Baseball Chapel para Pittsburgh Pirates
Esposa de Brad Henderson, Presidente de Pittsburgh Kids Foundation y Capellán de Baseball Chapel para Pittsburgh Pirates

"Cuando pienso en nuestra vida ligada al béisbol, la comunidad está en el centro de todo. Dios verdaderamente nos ha bendecido más allá de lo que podríamos haber imaginado, y ambos sentimos un fuerte llamado a devolverle a nuestra comunidad y comenzar nuestra organización sin fines de lucro, la Fundación Alonso. Lo que comenzó como un impulso en nuestros corazones en 2020 ha florecido en lo que creemos que es nuestra vocación de por vida. Sabemos que algún día su carrera en el béisbol terminará, y sentimos que era importante encontrar algo que nos apasionara para continuar mucho después de que se retirara del juego. Servir a los demás nos ha traído una inmensa cantidad de alegría. Hemos conocido a algunas de las personas más increíbles a través de nuestro trabajo comunitario y hemos aprendido mucho de ellas. Alguien que ha sido nuestra inspiración es Roberto Clemente, un jugador de béisbol del Salón de la Fama que no solo es conocido por lo que logró en el campo, sino que es aún más reconocido por sus esfuerzos humanitarios. Roberto es el ejemplo perfecto de que ser bueno con los demás es el mejor legado que dejar.

Haley Alonso
Esposa de Pete Alonso, Jugador de MLB

Glosario del Béisbol

Acortar el swing: cuando un bateador no hace un swing completo con el bate.

Al bate: turno de un jugador para intentar golpear la pelota y llegar a una base.

Base: Uno de los tres puntos del cuadro interior que un corredor debe tocar para anotar una carrera.

Compañeros de batería: El receptor y el lanzador que están emparejados en un juego.

Corredores: Jugadores del equipo al bate que llega a una base sin obtener out.

Defensa: Cuando el equipo se posiciona en el campo intentando evitar que la ofensiva llegue a la base y anote carreras.

Diamante de béisbol: La forma del campo de béisbol que está cubierto de hierba y tierra.

Elevado (Fly Ball): Una pelota en el aire hacia los jardines que un jugador intenta atrapar.

Elevado al cuadro (Infield Fly Ball): Un elevado que puede ser atrapado por un jugador de cuadro con un esfuerzo normal cuando la primera y segunda, o la primera, segunda y tercera bases están ocupadas antes de que haya dos outs.

Entrada y media: Cuando los equipos cambian de lugar en el campo de ofensiva a defensiva, o de defensa a ofensiva, después de realizar tres outs.

Entrada: La parte del juego de béisbol en la que los equipos se alternan en ofensiva y defensiva y en la que hay tres outs para cada equipo.

Entrenamiento de primavera: tiempo de pretemporada en el que los equipos entrenan y juegan partidos de exhibición durante aproximadamente seis semanas.

Equipo local: el equipo que organiza el partido. Juegan a la defensiva en la parte superior de una entrada y a la ofensiva en la parte inferior de una entrada.

Equipo Visitante: El equipo que visita el estadio de otro equipo.

Estrategia de defensa: El objetivo principal de la defensa es evitar que la ofensiva llegue a la base y anote carreras.

Estrategia ofensiva: los bateadores intentan golpear la pelota, llegar a la base y anotar más carreras que el equipo contrario.

Familia de Béisbol: La gente de nuestra comunidad de béisbol.

Fildear la pelota: Cuando una pelota está en juego en el suelo y un jugador realiza una jugada.

Fuera de temporada: el tiempo entre el último partido jugado y el entrenamiento de primavera.

Infield (cuadro): La parte del campo de béisbol donde se realizan la mayoría de las jugadas. Está formado por tierra donde cubren el receptor y los primera, segunda y tercera base, junto con el campocorto. También incluye el montículo del lanzador.

Jardines: La porción de césped del campo más allá del cuadro interior y frente a la cerca/muro que está cubierta por los jardineros.

Jardineros: Los tres jugadores de derecha, centro e izquierda, más alejados del bateador.

Jardineros de esquina: Jardineros izquierdo y derecho.

Juego de béisbol: nueve entradas, veintisiete outs, tres outs cuando un equipo batea en la parte superior de la entrada y tres outs cuando el otro equipo batea en la parte inferior de la entrada.

Juego en Casa: Un juego que se juega en el campo del equipo.

Jugadas: El esfuerzo intentado y/o realizado por un jugador defensivo.

Jugadas de respaldo: Cuando un jugador va intencionalmente detrás de otro jugador que está intentando fildear la pelota, en caso de que la juegue mal.

Jugadores de cuadro: Primera, segunda y tercera base y el campocorto.

Lanzador abridor: El lanzador que inicia el juego contra el equipo contrario a la ofensiva.

Montículo: La ligera elevación donde se encuentra el lanzador.

Ofensa: Cuando un equipo está bateando y anotando carreras.

Partido fuera de casa: Un partido que se juega en el campo de un equipo contrario.

Pelota de invierno: Béisbol que se juega fuera de temporada en países fuera de los Estados Unidos.

Plan de juego: una estrategia cuidadosamente pensada sobre cómo ganar el juego que se va a jugar.

Ponche (Strike Out): Cuando un lanzador lanza cualquier combinación de tres strikes con swing o buscando a un bateador.

Seña: Forma no verbal de comunicación entre entrenadores y jugadores o entre jugadores.

Sencillo (hit): Cuando un jugador hace contacto con el bate de la pelota y ésta cae en territorio justo en el campo.

Temporada: Es el tiempo en el que se juegan 162 partidos de béisbol en 187 días. 81 en casa. 81 de distancia.

Toque: Cuando no se hace swing a una pelota, sino que se recibe intencionalmente con el bate y se golpea lentamente dentro del cuadro.

Visita al montículo: Cuando uno o más miembros de un equipo de béisbol van al montículo a visitar al lanzador.

★ ★ ★

SOBRE LA AUTORA

Billie Jauss es la autora del libro *Making Room: Doing Less so God Can Do More* y *Distraction Detox*. Billie es una conferencista nacional y la anfitriona del podcast, The Family Room. Billie y su esposo Dave, un entrenador en las Grandes Ligas pasan los veranos con el beísbol y su tiempo fuera de temporada en el sur de la Florida.

www.ingramcontent.com/pod-product-compliance
Lightning Source LLC
LaVergne TN
LVHW091052080826
845145LV00002B/713

* 9 7 8 1 6 3 7 9 7 2 1 8 2 *